LITERATURA HISPÁNICA
DE
FÁCIL LECTURA

# *Zalacaín el Aventurero*

## Pío Baroja

Texto adaptado por
María Gil-Ortega Martínez

Adaptación supervisada por
«Grupo UAM-Fácil Lectura»

Colección *Literatura hispánica de fácil lectura*

**Dirección:**
    Alberto Anula

**Consejo Editor:**
    Alberto Anula Rebollo
    Marina Fernández Lagunilla
    Teodosio Fernández Rodríguez
    José Portolés Lázaro
    Almudena Revilla Guijarro
    Florencio Sevilla Arroyo

Primera edición, 2012

**Produce:**
    SGEL – Educación
    Avda. Valdelaparra, 29
    28108 Alcobendas (MADRID)

© **Del texto adaptado:**
    María Gil-Ortega Martínez & Grupo UAM-Fácil Lectura
© **Del director:**
    Alberto Anula
© **De la presente edición:**
    Sociedad General Española de Librería, S. A., 2012
    Avda. Valdelaparra, 29 - 28108 Alcobendas (Madrid)

**Diseño de colección y maquetación:**
    Alexandre Lourdel
**Ilustraciones:**
    Gonzalo Izquierdo

**ISBN:** 978-84-9778-505-1
**Depósito legal:** M-25007-2012
    Printed in Spain – Impreso en España

Imprime: Closas-Orcoyen, S. L.

# INTRODUCCIÓN

## CARACTERÍSTICAS DE LA COLECCIÓN

Los *Textos de la literatura hispánica de fácil lectura* de SGEL y el Grupo UAM-Fácil Lectura (GUAMFL) tratan de hacer accesibles las obras más importantes de la literatura hispánica a los estudiantes de español como lengua extranjera o segunda lengua. La adaptación de los textos se ajusta a las capacidades de comprensión lectora señaladas en los niveles de referencia propuestos en el *Marco Común Europeo de Referencia para las Lenguas* (MCER) y en el *Plan Curricular del Instituto Cervantes* (PCIC). Además, ha sido realizada de acuerdo con los criterios de facilitación de la lectura y la comprensión lectora desarrollados por el GUAMFL.

Los textos se distribuyen en tres niveles y las adaptaciones se ajustan a las características descritas en la tabla de la página siguiente.

La adaptación de las obras respeta el estilo del autor, el argumento de la obra y la interpretación textual de la crítica contemporánea. Las circunstancias propias de cada adaptación, cuando existen, se recogen en el apartado «Criterios de adaptación de esta obra». La ortografía se ha modernizado siempre.

Cada obra contiene notas léxicas, fraseológicas y de índole cultural, además de un glosario con las palabras de frecuencia moderada traducidas a distintos idiomas. Las palabras o las expresiones de frecuencia baja aparecen siempre anotadas a pie de página. Contiene también una serie amplia y diversa de actividades de comprensión lectora (con su apartado de soluciones correspondientes). El libro se completa con una breve presentación del autor y la obra, y una serie de propuestas encaminadas a profundizar en el conocimiento de la obra adaptada.

El texto de la obra presenta el siguiente signo diacrítico:
* Señala una palabra o expresión recogida en el Glosario.

| NIVEL | LÉXICO | GRAMÁTICA Y DISCURSO |
|---|---|---|
| BÁSICO | 500-1200 palabras léxicas diferentes de muy alta o alta frecuencia de uso (un 10% del léxico puede ser de frecuencia notable, moderada y baja). | Nivel A2 del PCIC. Se utiliza preferentemente el orden oracional sujeto-verbo-objeto y se limita la cantidad y complejidad de las estructuras subordinadas. La media de la longitud oracional no excede de las 15 palabras. |
| INTERMEDIO | 1200-2000 palabras léxicas diferentes de frecuencia muy alta, alta y notable (un 10% del léxico puede ser de frecuencia moderada y baja). | Nivel B1 del PCIC. Se limita la complejidad de las estructuras subordinadas. La media de la longitud oracional no excede de las 20 palabras. |
| AVANZADO | 2000-3000 palabras léxicas diferentes de frecuencia muy alta, alta, notable y moderada (un 10% del léxico puede ser de frecuencia baja). | Nivel B2 del PCIC (aunque se permiten algunas construcciones sintácticas y estrategias pragmáticas del nivel C1). La adaptación es fiel al texto original y se limita a actualizar la sintaxis. La media de la longitud oracional puede exceder de las 20 palabras. |

NOTA   El nivel de frecuencia de las palabras se ha establecido a partir del indicador de frecuencia de uso que tienen las voces en el *Diccionario de Uso del Español Actual* (SGEL) y de la frecuencia de uso que alcanzan las palabras en el Corpus CREA de la Real Academia Española, una vez aplicados los cálculos estadísticos necesarios para establecer las equivalencias entre ambas fuentes.

# EL AUTOR Y LA OBRA

## EL AUTOR

Pío Baroja nace en 1872 en el País Vasco. Estudia Medicina en Madrid y empieza a trabajar como médico en 1894. Pronto comprende que no quiere ejercer la Medicina y se pone a trabajar en la panadería de un pariente en Madrid. En 1902 abandona este trabajo para dedicarse a la literatura. Establece una estrecha amistad con Ramiro de Maeztu y Azorín. Los tres, junto con otros escritores como Miguel de Unamuno o Antonio Machado, formaron un grupo denominado «Generación del 98». Este grupo compartía la preocupación por los problemas de España y una actitud rebelde y crítica frente a la política y la sociedad del país.

La mejor etapa de Pío Baroja como escritor transcurre entre los años 1902 y 1912. En ellos publica sus novelas más interesantes: *El árbol de la ciencia, Las inquietudes de Shanti Andía* y *Zalacaín el Aventurero*.

El estallido de la Guerra Civil española (1936-1939) interrumpe el proceso de creación de Pío Baroja. Huye a Francia en 1936 y vuelve a Madrid cuando comienza la Segunda Guerra Mundial. Dedica sus últimos años a escribir novelas más densas y complejas, hasta que muere en octubre de 1956. Pío Baroja fue conocido como una persona tímida, individualista y pesimista.

## LA OBRA

En la gran producción literaria de Baroja destacan sus novelas. Las características más comunes de estas novelas son: la función de entretener, el cuidado de los ambientes y las descripciones, el ritmo rápido de la narración y el atractivo de sus personajes.

*Zalacaín el Aventurero* se integra en un conjunto de cuatro obras llamado *Tierra vasca*. Las cuatro novelas se desarrollan en el País Vasco y tienen unos personajes nacidos en esa región.

*Zalacaín el Aventurero* se editó por primera vez en 1909 y tuvo mucho éxito. En ella, Baroja cuenta los sucesos ocurridos durante la Tercera Guerra Carlista. La obra, que se enmarca entre los años 1872 y 1876, tiene como escenario los montes del País Vasco y como protagonista un hombre de acción. Baroja define esta obra como una novela de aventuras, pero también es una novela histórica.

## CONTEXTO HISTÓRICO

La novela se desarrolla durante la última de las tres guerras carlistas (de 1872 a 1876). Las guerras carlistas estallan cuando Fernando VII muere y su única hija, Isabel, tiene que subir al trono. En España, el trono solo puede estar ocupado por hombres, de forma que Carlos María Isidro, hermano de Fernando, comienza a luchar contra los defensores de Isabel, los liberales.

La Tercera Guerra Carlista surge del enfrentamiento entre don Carlos, llamado el «pretendiente», descendiente de Carlos María Isidro, y los partidarios del gobierno liberal. Gran parte del pueblo español apoyó a los liberales porque no quería un rey francés, y don Carlos había sido criado en Francia.

En ese momento reina en España Amadeo de Saboya, hijo del rey de Italia. En la novela lo llamarán «el extranjero» (Amadeo de Saboya es mencionado una vez en la novela como «el extranquero». No confundir con el personaje que acompañará a Zalacaín en algunas de sus aventuras).

La guerra carlista acaba en 1876, con la proclamación de la primera República y la expulsión de los carlistas a Francia.

# PRÓLOGO

*La villa\* de Urbía en el último tercio del siglo XIX*

Una muralla de piedra, oscura y alta rodea a Urbía. Esta muralla sigue a lo largo del camino real[1] por el norte, llega hasta el río y la iglesia, y envuelve la ciudad por el sur.

Urbía tiene un barrio viejo y otro nuevo. El pueblo viejo va descendiendo desde el castillo hasta el río. Entre la muralla y las casas hay magníficas huertas. Estas huertas están protegidas de los vientos fríos y en ellas se cultivan naranjos\* y limoneros.\*

Urbía tiene dos calles largas y estrechas que se cruzan y forman una plaza. En un lado está la iglesia; en otro lado, el Ayuntamiento; y en otro, una casa enorme. Esta casa es el almacén\* de Azpillaga, donde se encuentra de todo. Para los aldeanos[2] es como una caja de Pandora,[3] llena de maravillas. El Museo Británico no es nada comparado con este almacén.

Hoy, la mayor parte del pueblo está en la parte nueva, limpia y elegante. En verano llegan muchos automóviles y los visitantes van a la casa de Ohando, convertida en el Gran Hotel de Urbía.

---

[1] *Camino real:* camino principal que une grandes pueblos o ciudades.
[2] *Aldeanos:* habitantes de un pueblo o una ciudad pequeña.
[3] *Caja de Pandora:* lugar donde hay muchas cosas diferentes y desordenadas.

Hace cuarenta años la vida en Urbía era tranquila y sencilla: los domingos había misa y después la gente iba a un prado* cercano y bailaba alegremente al ritmo de la música. Finalmente, el toque de las campanas de la iglesia terminaba con la fiesta y los campesinos volvían a sus casas después de hacer una parada en la taberna.*

# LIBRO PRIMERO

## LA INFANCIA DE ZALACAÍN

# CAPÍTULO 1

*Cómo vivió y se educó Martín Zalacaín*

En la parte alta del camino que baja desde la ciudadela, hay una ermita.* En la parte baja, antes de llegar a la muralla, había hace años una casa antigua, medio caída, con las paredes y el tejado* muy viejos a causa de la humedad y el aire. En el frente de la pobre casa, un agujero indicaba dónde estuvo antes un escudo.*

En esta casa nació y pasó los primeros años de su infancia Martín Zalacaín de Urbía, llamado, más tarde, Zalacaín el Aventurero.* Los Zalacaín vivían muy cerca de Urbía, a unos metros de la villa. El padre de Martín fue campesino, un hombre oscuro que murió de viruela.[1] La madre de Martín era una mujer de poco carácter. Al morir su marido, quedó con dos hijos: Martín y una niña pequeña llamada Ignacia. La casa donde vivían los Zalacaín era de los Ohando, la familia más antigua y rica de Urbía. La madre de Martín vivía de la caridad* de los Ohandos.

Martín era decidido y valiente. No iba a la escuela. Le parecía un sitio oscuro y sin interés. También le alejaba de la escuela el ver que los chicos le rechazaban porque vivía fuera del pueblo. Por eso, mientras los niños de su edad aprendían a leer, él daba la vuelta a la

---

[1] *Viruela:* enfermedad grave que produce heridas en la piel.

muralla y cogía palomas de sus nidos,* robaba fruta y cogía fresas y otras frutas del campo.

A los ocho años, Martín tenía la mala fama de un hombre. Un día, Carlos de Ohando, el hijo de la familia rica que ayudaba a la madre de Martín, gritó:

—¡Ese! Ese es un ladrón.

—¡Yo! —exclamó Martín.

—Tú, sí. El otro día te vi robando peras* de mi casa. Toda tu familia son ladrones.

Martín quería defender a su familia y dio una bofetada* al joven Ohando. Este le dio un puñetazo[2] y empezaron a pelear. Martín era más fuerte y cuando los separaron Ohando se fue maltrecho* a casa. Al saber la noticia, la madre de Martín ordenó a su hijo ir a casa de los Ohando a pedir perdón, pero Martín no quiso. Desde entonces, cuando la madre miraba a Martín pensaba que era malo.

—¡De dónde ha salido este chico así! —decía, y al pensar en él tenía un sentimiento confuso de amor y de pena.

---

[2] *Puñetazo:* golpe fuerte dado con el puño.

## CAPÍTULO 2

*Donde se habla del viejo cínico[3] Miguel de Tellagorri*

Cuando la madre enviaba a su hijo Martín a buscar vino o sidra[4] a la taberna de Arcale, le decía:

—Si te encuentras con el viejo Tellagorri, no le hables, y si te dice algo, respóndele a todo que no.

Tellagorri, tío-abuelo de Martín, era un hombre flaco, de nariz enorme, pelo gris, ojos grises y la pipa* de barro siempre en la boca. Era importante en la taberna de Arcale. Allí hablaba, discutía y mantenía vivo el odio de los campesinos al propietario.

Vivía el viejo Tellagorri de pequeños recursos y tenía mala fama entre los ricos del pueblo. Era, en el fondo, un hombre alegre, buen bebedor,[5] buen amigo y en el interior de su alma bastante violento.

La madre de Martín pensó que por el carácter de su hijo, este se haría amigo de Tellagorri. Así fue. El mismo día en que el viejo supo la paliza* que su sobrino había dado al joven Ohando, decidió protegerlo y educarlo. Ese mismo día, Martín también tuvo la simpatía de *Marqués*. *Marqués* era el perro de Tellagorri, un perro pequeño y feo que compartía las ideas y preocupaciones de su amo y era como él:

---

[3] *Cínico:* sin vergüenza, con poco respeto.
[4] *Sidra:* bebida alcohólica elaborada con zumo de manzana.
[5] *Bebedor:* persona que bebe mucho alcohol.

ladrón, listo, vagabundo,[6] viejo, solitario e independiente. Sentía el mismo odio que Tellagorri por los ricos, cosa rara en un perro. A pesar de su título,[7] *Marqués* no sentía simpatía por la gente de la iglesia o de la nobleza.* Tellagorri le llamaba siempre *Marquesch*, porque en vasco* es más cariñoso.*

Tellagorri poseía una pequeña huerta de poco valor en el otro lado del pueblo. Para ir allí tenía que recorrer toda la muralla. Muchas veces le propusieron comprarle la huerta, pero él se negaba. Todo el mundo creía que conservaba la huerta para poder pasar por la muralla y robar; opinión que no estaba alejada de la realidad.

Tellagorri era un individualista[8] convencido.

—Cada cual que conserve lo que tenga y que robe lo que pueda —decía.

No necesitaba de nadie para vivir. Cuando decidió proteger a Martín, le enseñó toda su ciencia. Le explicó cómo matar una gallina y coger los higos* sin ser visto. Le enseñó a distinguir las setas* buenas de las venenosas.*

Tellagorri era un sabio, nadie conocía la comarca como él, nadie dominaba la geografía del río Ibaya y sus orillas como este viejo. Cuando el viejo y el chico no tenían nada que hacer, iban de caza con *Marquesch* al monte. Arcale le prestaba a Tellagorri su escopeta.* Tellagorri, sin motivo conocido, comenzaba a insultar a su perro en castellano:

—¡Canalla! —le decía—. ¡Viejo cochino!* ¡Cobarde!

---

[6] *Vagabundo:* persona o animal que va de un lugar a otro sin dirección ni fin.
[7] El nombre del perro, *Marqués*, es un título de la nobleza.
[8] *Individualista:* independiente, solitario.

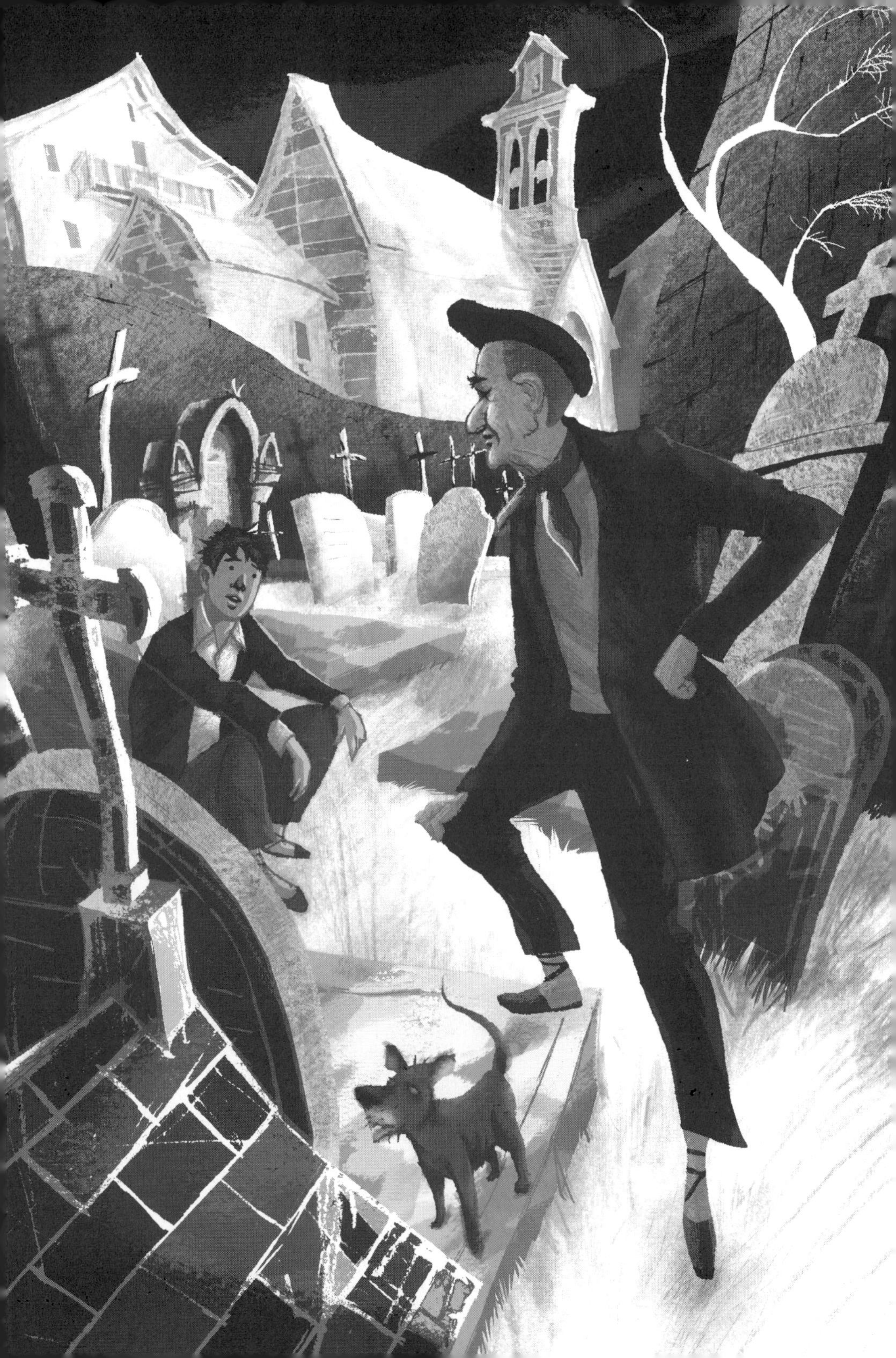

*Marqués* contestaba a los insultos* con un ladrido[9] suave, movía la cola y se ponía a andar olfateando* por todas partes. De pronto veía que algunas hierbas se movían y corría hacia ellas.

Martín se divertía muchísimo con estos espectáculos. Acompañaba a Tellagorri a todas partes, menos a la taberna, donde Tellagorri no quería ver a Martín.

El joven Zalacaín era agradecido, sentía por su viejo maestro un gran entusiasmo y un gran respeto. Tellagorri lo sabía, aunque no lo mostraba; pero todo lo que le gustaba al muchacho o servía para su educación, lo hacía si podía.

Tellagorri educaba a Martín a su manera, a la manera de los Tellagorris, de los salvajes.* Mientras los demás chicos estudiaban, Martín contemplaba los espectáculos de la Naturaleza, entraba en la cueva* de Erroitza, llena de grandes murciélagos,[10] y se bañaba en el río a pesar de que todo el pueblo lo consideraba peligrosísimo.

Algunas noches, Tellagorri llevó a Zalacaín al cementerio.

—Espérame aquí un momento —le dijo.

Al cabo de media hora, volvió y le preguntó:

—¿Has tenido miedo, Martín?

—¿Miedo de qué?

—¡*Arrayua!*[11] Así hay que ser —decía Tellagorri—. Hay que estar firmes, siempre firmes.

---

[9] *Ladrido:* voz del perro.
[10] *Murciélagos:* animales con alas que viven en cuevas.
[11] ¡*Arrayua!*: expresión vasca que quiere decir ¡*rayos!* y expresa sorpresa.

# CAPÍTULO 3

### *La reunión de la posada\* de Arcale*

La posada de Arcale estaba en la calle del castillo. Esta casa era grande y vieja. Era posada y taberna, pues por la noche se reunían varios vecinos y algunos campesinos a hablar y a discutir, y los domingos a emborracharse.* Arcale era un hombre grueso y activo, excampesino, excomerciante de caballos y contrabandista.* Tenía negocios complicados con todo el mundo, administraba las diligencias,[12] y los días de fiesta era, además, cocinero. Siempre estaba yendo y viniendo,[13] hablando, gritando, riñendo[14] a su mujer y a su hermano, a los criados y a los pobres.

La conversación de la noche en la taberna de Arcale la mantenían Tellagorri y Pichía. Pichía, digno compañero de Tellagorri, era su opuesto. Tellagorri era flaco, Pichía gordo; Tellagorri vestía de oscuro, Pichía, de claro; Tellagorri era pobre, Pichía era rico; Tellagorri era liberal,[15] Pichía carlista;[16] Tellagorri no pisaba la iglesia, Pichía estaba siempre en ella. Pero a pesar de tantas divergencias*

---

[12] *Diligencias:* coches de caballo para transportar mercancías o personas.
[13] *Yendo y viniendo:* moviéndose de un lugar a otro.
[14] *Riñendo:* expresando enfado a alguien por lo que ha hecho.
[15] *Liberal:* defensor de Isabel II y contrario a don Carlos.
[16] *Carlista:* defensor de don Carlos.

Tellagorri y Pichía se sentían almas gemelas[17] que se reunían ante un vaso de buen vino.

Cuando hablaban en castellano, ambos cambiaban siempre las efes y las pes.

—¿Qué te *farece* a ti el médico nuevo? —le preguntaba Pichía a Tellagorri.

—!Psch![18] —contestaba el otro—. La *frática* es lo que le *palta*.

Tellagorri era poco aficionado a las cosas de la iglesia, y cuando bebía mucho hablaba mal de los curas. Pichía no se indignaba y animaba a su amigo para que dijera cosas más fuertes.

Sin embargo, Tellagorri respetaba al cura de Arbea, acusado de liberal y de loco. Este ponía su sueldo encima de la mesa en un montón, no muy grande, porque el sueldo no era mucho. Cuando alguien le pedía algo, después de reñirle rudamente[19] y de insultarle a veces, le daba lo que quería, hasta que a mediados de mes se acababa el montón de pesetas y entonces daba maíz o judías.\*

Tellagorri decía:

—Esos son curas, no como los de aquí, que solo quieren vivir bien y buenas *profinas*.[20]

La torpeza\* de Tellagorri al hablar castellano se convertía en rapidez y gracia cuando hablaba en vascuence.[21] Sin embargo, él prefería hablar en castellano porque le parecía más elegante.

---

[17] *Almas gemelas:* se dice de personas que sienten y piensan de la misma forma.
[18] *¡Psch!:* expresión que significa que algo no es importante para el que la dice.
[19] *Rudamente:* de forma dura y violenta.
[20] Tellagorri quiere decir *propinas* (*dinero*).
[21] *Vascuence:* forma antigua de denominar el vasco.

# CAPÍTULO 4

*La noble casa de Ohando*

A la entrada del pueblo nuevo, en la carretera, fuera de la muralla, estaba la casa más antigua de Urbía: la casa de Ohando. Los Ohandos fueron durante mucho tiempo la única aristocracia[22] de la villa. Fueron propietarios de muchas tierras, pero luego la guerra redujo sus rentas y la llegada de otras familias ricas les quitó el poder absoluto que habían tenido.

En la casa de Ohando estaba el escudo de la familia. Se veían en él dos lobos y un roble* en el fondo. En el lenguaje de los escudos, el lobo indica crueldad con los enemigos; y el roble, respetable antigüedad.

La familia de los Ohandos se componía de la madre, doña Águeda, y de sus hijos Carlos y Catalina. Doña Águeda, mujer débil, fanática* y enferma, estaba dominada en las cuestiones de la casa por alguna criada* antigua y en las cuestiones espirituales por el cura.

Carlos de Ohando, el hijo mayor de doña Águeda, era un muchacho oscuro, tímido y de pasiones violentas. El odio y la envidia se

---

[22] *Aristocracia:* conjunto de personas importantes por su riqueza o sus títulos.

convertían en él en verdaderas enfermedades. A Martín Zalacaín le había odiado desde pequeño.

Catalina, en cambio, era sonriente, alegre y muy bonita. Las demás chicas querían ir siempre con ella y decían que, a pesar de su posición, no era orgullosa. Una de sus amigas era Ignacia, la hermana de Martín.

Catalina y Martín se encontraban muchas veces y se hablaban; él la veía desde lo alto de la muralla, en el mirador de la casa, jugando o aprendiendo a coser.* Ella siempre oía hablar de las aventuras de Martín.

—Ya está ese diablo ahí en la muralla —decía doña Águeda—. Se va a matar un día. ¡Qué malo es!

Carlos alguna vez le dijo a su hermana:

—No hables con ese ladrón.

Pero a Catalina no le parecía ningún crimen que Martín cogiera frutas de los árboles y se las comiese.

Los Ohandos eran dueños de un jardín próximo al río. Cuando Catalina iba allí con la criada a recoger flores, Martín las seguía muchas veces y se quedaba a la entrada.

—Entra si quieres —le decía Catalina.

—Bueno —y Martín entraba y hablaba de sus aventuras.

—¡Deberías ir a la escuela! —le decía Catalina.

—¡Yo! ¡A la escuela! —exclamaba Martín—. Yo me iré a América o me iré a la guerra.

En la primavera, el camino próximo al río era una delicia.* Los manzanos* y los perales* de las huertas estaban en flor y se oían los cantos de los pájaros en las ramas. Los sábados por la tarde, durante la primavera y el verano, Catalina y otras chicas del pueblo, acompañadas de alguna buena mujer, iban al cementerio. Recogían las hierbas secas, limpiaban el suelo de las tumbas familiares y las adornaban* con flores.

Muchas veces, cuando pasaban Tellagorri y Martín por la orilla del río, llegaban hasta ellos las voces de las niñas cantando. Escuchaban un momento, y Martín distinguía la voz de Catalina.

—Es Catalina, la de Ohando —decía Martín.

—Si no eres tonto, te casarás con ella —replicaba Tellagorri.

Y Martín se reía.

# CAPÍTULO 5

*De cómo murió Martín López de Zalacaín en 1412*

Un vecino que paseaba con frecuencia por la muralla era un señor viejo, llamado Fermín Soraberri. Durante muchísimos años, don Fermín trabajó como secretario en el Ayuntamiento de Urbía. Era un hombre alto, grueso, con los párpados* y la cara hinchados.* La especialidad de don Fermín era la de ser distraído.* Se olvidaba de todo. Cuando hablaba, lo hacía así:

—Una vez en Oñate vi algo muy interesante. Estábamos allí el señor cura, un profesor y… —el señor Soraberri miraba a todas partes y decía—: ¿qué decía?… Pues… se me ha olvidado el asunto.

Al señor Soraberri siempre se le olvidaba el asunto. Casi todos los días se encontraba con Tellagorri, se saludaban y hablaban sobre el tiempo. Cuando lo vio acompañado de Martín, el señor Soraberri se extrañó y pensó preguntar a Tellagorri, pero tardó varios días en hacerlo, porque el señor Soraberri era lento en todo:

—¿De quién es este niño, amigo Tellagorri?

—¿Este chico? Es un pariente* mío.

—¿Algún Tellagorri?

—No; se llama Martín Zalacaín.

—¡Hombre![23] ¡Hombre! Martín López de Zalacaín.

---

[23] *¡Hombre!:* expresión que indica sorpresa.

—No; López no —dijo Tellagorri.

—Yo sé lo que digo. Este niño se llama Martín López de Zalacaín. Es de la casa que está cerca del portal de Francia.

—Sí, señor; de ahí es.

—Pues conozco su historia, y López de Zalacaín ha sido y López de Zalacaín será. Si quiere vaya usted mañana a mi casa y le leeré un papel que copié del archivo del Ayuntamiento acerca de esa cuestión.

Tellagorri dijo que iría porque pensó que lo que decía Soraberri era importante. Al día siguiente fue con Martín a su casa. El señor Soraberri había olvidado el asunto, pero lo recordó pronto. Entró en su despacho y volvió con unos papeles viejos en la mano; se puso las gafas, carraspeó,* buscó entre sus papeles y dijo:

—Aquí están. Esto es una copia de una narración acerca de los primeros muertos en la guerra de los linajes,[24] en Urbía, entre los de Ohando y los Zalacaín. Dice que estas luchas comenzaron en nuestra villa a fines del siglo xiv o a principios del xv.

—¿Y hace mucho tiempo de eso? —preguntó Tellagorri.

—Cerca de quinientos años.

—¿Y ya existían Zalacaín entonces?

—No solo existían, sino que eran nobles.*

—Oye, oye —dijo Tellagorri dando un codazo* a Martín.

—¿Les cuento lo que dice?

—Sí, sí.

—Bueno. Pues dice que Martín López de Zalacaín murió en el año de 1412. Los Zalacaín y los Ohando se hicieron muchos daños entre sí. Los de Zalacaín quemaron vivo al señor de San Pedro, del linaje de los Ohando, en una pelea. Como este no dejó ningún hijo

---

[24] *Linajes:* familias, normalmente con títulos de nobleza.

varón, casaron a su hija con Martín López de Zalacaín, hombre muy aventurero. Cuando este Martín López fue a la villa de Urbía, fue desafiado* por un sobrino del señor de San Pedro. Martín López aceptó el desafío y ambos se citaron en el prado de Santa Ana. Mientras Martín López iba hacia el prado, fue herido con una flecha* en el ojo y cayó muerto del caballo. La flecha la disparó un pariente y amigo del sobrino de San Pedro de Ohando.

Cuando concluyó el señor Soraberri, miró a sus dos oyentes. Tellagorri dijo:

—Sí, esos Ohandos son gente *palsa*.²⁵ Van mucho a la iglesia, pero luego matan a traición.

Soraberri recomendó a su amigo Tellagorri que no opinara sin conocer todo el asunto y comenzó a contar una historia ocurrida en Oñate. Pero mientras la contaba, se le olvidó la cuestión, y lo sintió mucho, porque tenía la seguridad de que la historia era muy interesante.

---

²⁵ *Palsa:* Tellagorri cambia la *f* por la *p*. Se refiere a gente *falsa*.

## CAPÍTULO 6

*De cómo llegaron unos titiriteros[26] y de lo que sucedió después*

Un día de mayo, al anochecer,* llegaron por el camino real tres carros tirados por caballos flacos y llenos de heridas. Cruzaron la parte nueva del pueblo y se detuvieron en el prado de Santa Ana.

No podía Tellagorri quedarse sin saber de qué se trataba, así que se presentó al momento en el lugar, seguido de *Marqués*. Hizo varias preguntas al jefe, y después de decir el hombre que era francés y domador[27] de fieras,* se lo llevó a la taberna de Arcale.

Martín se enteró también de la llegada de los domadores con sus fieras, y a la mañana siguiente fue al prado de Santa Ana. Comenzaba a salir el sol cuando llegó.

Uno de los carros era la casa de los titiriteros. Acababan de salir el domador, su mujer, un viejo, un chico y una chica.

El domador era sombrío,* joven, con aspecto de gitano.[28] Tenía el pelo negro y rizado,[29] los ojos verdes, el bigote largo y la expresión

---

[26] *Titiriteros:* personas que trabajan en un circo.
[27] *Domador:* persona que trabaja con los animales de un circo.
[28] *Gitano:* persona perteneciente a un grupo étnico originario de la India.
[29] *Rizado:* con ondas.

siniestra[30] y repulsiva.[31] El viejo, la mujer y los chicos solo parecían pobres, de esos que la miseria produce a millares.

El domador, el viejo y el chico formaron una tienda de campaña[32] con forma redonda. Colocaron los dos carros con las jaulas* de las fieras y dejaron entre ellos un espacio que servía de puerta al circo. Encima y a los lados pusieron tres carteles pintados. Uno representaba varios perros peleando con un oso,* el otro, una lucha entre un león y un toro; y el tercero unos indios atacando a un tigre.*

Terminaron de preparar el circo, y el domingo por la tarde, cuando la gente salía de la iglesia, el domador se presentó acompañado del viejo en la plaza de Urbía. Recorrieron el pueblo y llevaron a la gente hasta el circo. A la entrada, la mujer tocaba un tambor* grande y una chica agitaba* una campanilla.* El hombre se subió a una pequeña escalera y señaló las horribles figuras pintadas en los carteles. Dijo con voz fuerte:

—Aquí verán ustedes los osos, los lobos, el león y otras terribles fieras. Verán ustedes la lucha del oso de los Pirineos[33] con los perros que saltan sobre él. Este es el león del desierto que asusta al más valiente de los cazadores con sus rugidos…[34] ¡Oíd!

El domador se detuvo un momento y se oyeron en el interior de la tienda terribles rugidos contestados por ladridos feroces de una docena de perros. El público estaba aterrorizado.[35]

—En el desierto…

---

[30] *Siniestra:* que produce miedo.
[31] *Repulsiva:* que produce rechazo o asco.
[32] *Tienda de campaña:* estructura de palos y telas sujetas con cuerdas.
[33] *Pirineos:* montañas que separan España de Francia.
[34] *Rugidos:* voces del león.
[35] *Aterrorizado:* que siente mucho miedo.

El domador iba a seguir, pero vio que el público ya sentía curiosidad. La multitud quería entrar en el circo. Entonces gritó:

—La entrada solo cuesta un real.[36] ¡Adelante, señores!

Martín presenció todo esto con curiosidad. Hubiera dado cualquier cosa por[37] entrar, pero no tenía dinero. Buscó un hueco entre las lonas* para ver algo, pero no lo encontró. Se tendió* en el suelo y entonces se le acercó la chica que tocaba la campanilla en la puerta.

—Eh, tú, ¿qué haces ahí?

—Mirar —dijo Martín.

—No se puede.

—¿Y por qué no se puede?

—Porque no. Ya verás si te coge mi amo.

—¿Y quién es tu amo?

—¿Quién? El domador.

—¡Ah! ¿Pero tú eres de aquí?

—Sí.

—¿Y no sabes entrar?

—Si no se lo dices a nadie, te ayudaré.

—Yo también te traeré cerezas.*

—¿Cómo te llamas?

—Martín, ¿y tú?

—Yo, Linda.

—Así se llamaba la perra del médico —dijo Martín.

Linda no protestó de la comparación. Fue detrás de la entrada del circo, tiró de una lona, abrió un hueco y dijo a Martín:

—Anda, pasa. ¿Cuándo me darás las cerezas?

—Cuando esto termine iré a buscarlas.

---

[36] *Real:* antigua moneda española.
[37] *Hubiera dado cualquier cosa por:* deseaba con mucha fuerza.

Martín se sentó entre el público. El espectáculo que ofrecía el domador era realmente repulsivo. Alrededor del circo, atados, había diez o doce perros flacos. El domador agitó el látigo* y todos los perros comenzaron a ladrar furiosamente. Luego, vino con un oso atado a una cadena, con la cabeza cubierta. El domador obligó al oso a ponerse de pie[38] y a bailar. Luego, soltó un perro que se lanzó sobre el oso. Y, después, soltó otro perro, y luego, otro, y el público se comenzó a cansar.*

A Martín no le gustó el espectáculo, porque el pobre oso estaba indefenso.[39] El domador era un verdadero canalla* y pegaba al animal en los dedos de las patas, y el oso gemía.[40]

—Hace eso porque tiene el oso atado —dijo Martín—, si no no lo haría.

El domador miró al muchacho con odio.

Después, el espectáculo fue más agradable: la mujer del domador entró en la jaula del león, jugó con él, le hizo saltar y ponerse de pie. Linda vino con un mono vestido de rojo y le obligó a hacer algunos ejercicios.

El espectáculo terminaba. Martín vio que el domador le miraba. Cuando iba a salir, el domador le dijo:

—Tú no has pagado. Te voy a echar los perros como al oso.

Martín retrocedió asustado. El domador le contemplaba con una sonrisa feroz. Martín recordó el sitio por donde entró, empujó violentamente la lona y salió fuera del circo.

Entonces vio a Linda y le dijo:

—¿Quieres venir?

---

[38] *Ponerse de pie:* estar en posición vertical.
[39] *Indefenso:* que no puede defenderse.
[40] *Gemía:* emitía un sonido que expresaba dolor.

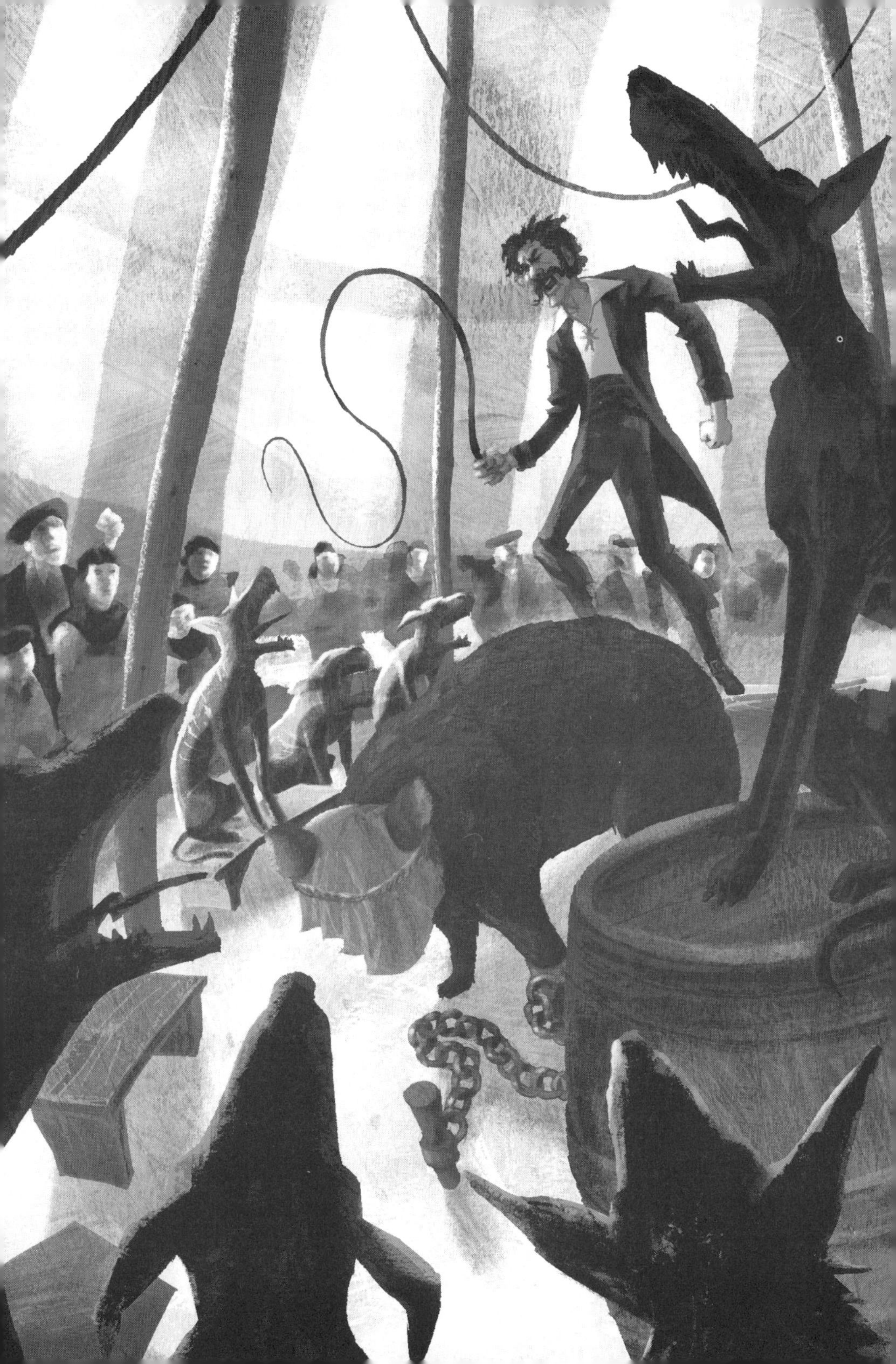

—No puedo.
—Pues ahora te traeré las cerezas.

En ese momento apareció el domador y como no podría alcanzarle dio una bofetada brutal* a la niña.

—Tú lo has metido dentro, ¿verdad? —gritó el domador.
—No; ha entrado él.
—Mentira. Has sido tú. Confiesa o te pego.
—Sí, he sido yo.
—¿Y por qué?
—Porque me ha dicho que me traería cerezas.
—Ah, bueno —dijo el domador, y se tranquilizó.

Martín, al poco rato, volvió con la boina[41] llena de cerezas y se las dio a Linda.

Durante los demás días de la semana, el circo estuvo vacío. El domingo dieron un aviso de que representarían un espectáculo extraordinario e interesantísimo. Martín se lo dijo a su madre y a su hermana. La chica se asustaba con las fieras y no quiso ir.

Acudieron solo la madre y el hijo. El espectáculo extraordinario era la lucha de Linda con el oso. La chiquilla* estaba medio desnuda y llevaba unos pantalones rojos. Linda se abrazó al oso y parecía que luchaba con él, pero el domador tiraba de una cuerda atada al animal. A la gente no le gustó el espectáculo.

Después, entró la mujer en la jaula del león. La fiera parecía enferma, porque la domadora no consiguió que hiciera los ejercicios. El domador, furioso, entró en la jaula y empezó a pegar con el látigo al león. El león se levantó, enseñó los dientes, lanzó un rugido y se echó sobre el domador. El público vio al domador con sangre

---

[41] *Boina:* gorra redonda y plana, hecha generalmente de lana o paño.

y se levantó aterrorizado. No había peligro para los espectadores, pero el pánico* hizo que todos se lanzasen a la salida. Alguien disparó contra el león, y en la fuga resultaron heridos varias mujeres y niños. El domador estaba también gravemente herido.

Dos mujeres tuvieron daños importantes: una vieja de un caserío[42] y la madre de Martín. Esta tenía golpes y una herida en el cuello. La herida, según dijo el médico, la causó un trozo de la jaula. Trasladaron a la madre de Martín a su casa. La pobre mujer murió al poco tiempo y dejó huérfanos* a Martín y a la Ignacia.

---

[42] *Caserío:* casa rural* típica del País Vasco y Navarra.

# CAPÍTULO 7

*Cómo Tellagorri supo proteger a los suyos*

Cuando murió la madre de Martín, Tellagorri, con gran asombro del pueblo, llevó a sus sobrinos a su casa. La señora de Ohando dijo que era una lástima que aquellos niños fuesen a vivir con un hombre cruel, sin religión y sin costumbres, que decía que saludaba con más respeto a un perro que al señor cura. Sin embargo, la buena señora no hizo nada.

La Ignacia empezó a trabajar de niñera* en la posada de Arcale y hasta los catorce años estuvo allí. Martín fue a la escuela durante algunos meses, Tellagorri lo sacó antes de un año porque se pegaba con todos los chicos y hasta quiso pegar al profesor. Arcale, que sabía que el muchacho era listo, le utilizó para llevar encargos en el coche que iba a Francia. Cuando aprendió a conducir, lo ascendieron a cochero.[43]

Martín, a los dieciséis años, se ganaba la vida.[44] Estaba orgulloso de ser un poco bárbaro. Vestía lujoso* y elegante. Le gustaba lucirse* los domingos en el pueblo. También le gustaba ir a las ventas[45] del camino, contar y oír historias y llevar encargos. Con mucha

---

[43] *Cochero:* persona que conduce un carro o un coche tirado por caballos.
[44] *Se ganaba la vida:* ganaba suficiente dinero y tenía lo necesario para vivir.
[45] *Ventas:* casas en los caminos donde se puede comer, beber y alojarse.

frecuencia, la señora de Ohando y Catalina le pedían que les trajese de Francia telas y puntillas.[46]

—¿Qué tal, Martín? —le decía Catalina en vascuence.

—Bien —contestaba él rudamente—. ¿Y en vuestra casa?

—Todos buenos. Cuando vayas a Francia, tienes que comprarme una puntilla como la otra. ¿Sabes?

—Sí, sí, ya te la compraré.

Martín se estaba haciendo un hombretón,[47] alto, fuerte, decidido. A pesar de su fuerza y su valor, nunca atacaba a los débiles. Destacaba también como jugador de pelota.[48]

Un invierno hizo Martín una hazaña* de la que se habló en el pueblo. La carretera estaba cubierta de nieve y no pasaba el coche. Zalacaín fue a Francia y volvió a pie, con un vecino de Larrau. Pasaron por el bosque de Iraty y les atacaron unos jabalíes.[49] Ninguno llevaba armas, pero mataron tres de aquellos furiosos animales, Zalacaín dos y el de Larrau otro.

Martín volvió triunfante* con sus dos jabalíes. El pueblo entero le consideró un héroe. También felicitaron a Tellagorri por tener un sobrino de tanto valor. El viejo, muy contento, decía:

—De casta le viene al galgo.[50] Yo no sé si habéis oído hablar de López de Zalacaín, pero es antepasado de Martín.

Al poco tiempo de aquello, Tellagorri anduvo de noche entre la nieve y cogió una pleuresía.[51]

---

[46] *Puntillas:* piezas estrechas de tela que adornan el borde de algunas ropas.
[47] *Hombretón:* hombre grande y de buenas cualidades.
[48] *Jugador de pelota:* el que practica el *juego de pelota*, deporte en el que los jugadores golpean con la mano una pelota y la arrojan contra la pared.
[49] *Jabalíes:* animales salvajes de pelo oscuro, parecidos al cerdo.
[50] *De casta le viene al galgo:* se parece a sus parientes.
[51] *Pleuresía:* enfermedad del corazón.

—De esta no sale[52] usted —le dijo el médico.

Tellagorri lo comprendió y se puso serio; hizo una confesión rápida y arregló sus cosas. Llamó a Martín y le dijo en vascuence:

—Martín, hijo mío, yo me voy. No llores. Eres fuerte y valiente y eres buen chico. No abandones a tu hermana. Llévala a la casa de Ohando, Catalina la cuidará. Tampoco olvides a *Marquesch*; es viejo, pero ha cumplido.[53]

—No, no le olvidaré —dijo Martín sollozando.*

—Pronto —prosiguió Tellagorri— habrá guerra. Tú eres valiente, vete a la guerra, pero no vayas de soldado. ¡Al comercio, Martín! ¡Dedícate al comercio! Vende tu mercancía a los liberales y a los carlistas, haz tu dinero y te casarás con la chica de Ohando. Si tenéis un chico, llamadle como yo, Miguel, o José Miguel.

—Así lo haré.

—Creo que te lo he dicho todo. Ahora dame la mano. Firmes, ¿eh?

—Firmes.

El pobre Tellagorri se olvidó de decir *Pirmes*, como hacía cuando estaba sano. Martín acompañó al viejo durante toda la noche, y por la madrugada dejó de vivir Miguel de Tellagorri, hombre de mala fama y de buen corazón.

---

[52] *De esta no sale:* aquí, se va a morir.
[53] *Ha cumplido:* ha tenido un buen comportamiento durante su vida.

## CAPÍTULO 8

*Cómo aumentó el odio entre Martín Zalacaín y Carlos Ohando*

Cuando murió Tellagorri, Catalina de Ohando habló a su madre para que recogiera a la Ignacia, la hermana de Martín. La Ignacia estaba acostumbrada a la taberna y eso influyó en la señora de Ohando para llevarla a su casa de criada.

Para ver a su hermana, Martín fue varias veces a casa de Ohando y habló con Catalina y doña Águeda.

En verano, vino Carlos de Ohando de vacaciones del colegio de Oñate. Pronto notó Martín que, con la ausencia, el odio de Carlos había aumentado. Al comprobar ese sentimiento de hostilidad,* dejó de presentarse en casa de Ohando.

—No vas ahora a vernos —le dijo Catalina alguna vez que le encontró en la calle.

—No voy porque tu hermano me odia —contestó Martín.

El odio existía. Se manifestó primero en el juego de pelota.

Tenía Martín un rival: era un chico navarro,[54] de la Ribera del Ebro, al que llamaban el *Cacho*. Carlos de Ohando y algunos compañeros suyos carlistas comenzaron a proteger al *Cacho* y a lanzarlo contra Martín. La rivalidad* entre ambos, alimentada por Ohando y

---

[54] *Navarro:* habitante de Navarra, región del norte de España.

los otros señoritos, terminó en un partido. El desafío fue así: el *Cacho* e Isquiña, un jugador viejo de Urbía, contra Zalacaín y el compañero que este quisiera elegir.

Martín eligió a un muchacho vasco-francés. Trabajaba en la panadería* de Archipi y se llamaba Bautista Urbide. Bautista era delgado, pero fuerte, sereno y muy dueño de sí mismo.⁵⁵

Apostaron* mucho dinero por ambas partes. Los liberales estaban con Zalacaín. Los señoritos, el sacristán⁵⁶ y la gente carlista estaban con el *Cacho*.

El partido constituyó un acontecimiento en Urbía; el pueblo entero y mucha gente de los alrededores fue a ver el espectáculo. La lucha principal era entre Zalacaín y el *Cacho*. El *Cacho* jugaba con furia y violencia. Martín jugaba con fuerza y serenidad. La montaña iba a pelear contra la llanura.*

Comenzó el partido, y en los primeros juegos ganó el *Cacho*. En cada jugada del navarro los señoritos y los carlistas aplaudían entusiasmados.* Zalacaín sonreía y Bautista le miraba con pánico. Iban cuatro juegos a cero cuando la suerte cambió. Comenzaron a ganar Zalacaín y su compañero. El *Cacho* e Isquiña estaban desmoralizados.⁵⁷ El *Cacho* golpeaba la pelota con ira, hacía una falta y echaba la culpa de todo a su compañero. Zalacaín y el vasco-francés corrían y reían.

—Ahí, Bautista —decía Zalacaín—. ¡Bien!

—Corre, Martín —gritaba Bautista—. ¡Eso es!

El juego terminó con el triunfo completo de Zalacaín y de Urbide.

---

⁵⁵ *Dueño de sí mismo:* que sabe controlar sus propias acciones.
⁵⁶ *Sacristán:* persona que limpia y cuida una iglesia, y ayuda al cura.
⁵⁷ *Desmoralizados:* sin ningún ánimo o valor.

—¡*Viva gutarrac!* (¡Vivan los nuestros!) —gritaron los de la *calle de Urbía* aplaudiendo.

Catalina sonrió a Martín y le felicitó.*

Carlos Ohando se acercó a Martín y le dijo con mala cara:

—El *Cacho* te desafía mano a mano.[58]

—Estoy cansado —contestó Zalacaín.

—¿No quieres jugar?

—No. Juega tú si quieres.

Carlos comprobó una vez más la simpatía de su hermana por Martín. Sintió que su odio aumentaba.

Martín estaba preocupado por seguir los consejos de Tellagorri y dedicarse al comercio. Había dejado su oficio de cochero y tenía con Arcale algunos negocios de contrabando.*

Un día, una vieja criada de casa de Ohando le contó que la Ignacia coqueteaba[59] con Carlos, el señorito de Ohando. Si doña Águeda lo notaba, despediría a la Ignacia. Martín, al saberlo, sintió deseos de insultar a Carlos y desafiarle. Luego pensó que era esencial evitar las murmuraciones.[60] Decidió ir a ver a su amigo Bautista Urbide. Había visto al vasco-francés muchas veces bailando con la Ignacia y creía que tenía alguna inclinación* por ella. El mismo día que le dieron la noticia se presentó en la panadería de Archipi.

—Oye, Bautista —le dijo—. Te tengo que hablar.

—Te escucho. ¿Qué pasa? —dijo el francés.

—¿A ti te gusta mi hermana?

—¡Hombre!..., sí. ¡Qué pregunta! —exclamó Bautista.

---

[58] *Mano a mano:* aquí, solo un jugador contra otro.
[59] *Coqueteaba:* tenía una relación superficial sin compromiso.
[60] *Murmuraciones:* comentarios que se hacen de una persona que no está presente.

—¿Te casarías con ella?
—Si tuviera dinero para establecerme,[61] sí.
—¿Cuánto necesitas? Yo te lo doy.
—Unos ochenta o cien duros.[62] ¿Y por qué hay esa prisa? ¿Le pasa algo a la Ignacia?
—No, pero he sabido que Carlos Ohando la está enamorando. ¡Y como vive en su casa!...
—Háblale tú y, si ella quiere, nos casamos en seguida.

Al día siguiente, Martín llamó a su hermana y le reprochó su coquetería[63] y su estupidez.* Al final, la Ignacia confesó que Carlos coqueteaba con ella, pero con buen fin.

—¡Con buen fin! —exclamó Zalacaín—. Pero tú eres idiota, criatura. Carlos te quiere engañar, nada más. Quiere deshonrarnos[64] y que el pueblo entero nos desprecie porque me odia a mí.

La Ignacia se echó a llorar. Martín le dijo que Bautista quería casarse con ella y que tenía dinero, así que se secaron pronto sus lágrimas.

—¿Bautista quiere casarse? —preguntó la Ignacia asombrada—. ¡Pero si no tiene dinero!

—Pues ahora lo ha encontrado.

—¿Y qué quieres que haga? ¿Salir de la casa? —preguntó la Ignacia, secándose las lágrimas y sonriendo.

—No, por el momento sigue ahí. En unos días Bautista irá a ver a doña Águeda y le dirá que se casa contigo.

---

[61] *Establecerme:* abrir un negocio propio.
[62] *Duros:* monedas de cinco pesetas (moneda de España antes del euro).
[63] *Coquetería:* actitud de una persona que quiere gustar a otra.
[64] *Deshonrarnos:* hacer que perdamos nuestra buena fama.

En los días siguientes, Carlos Ohando vio que su conquista no seguía adelante. El domingo, en la plaza, comprobó que la Ignacia se inclinaba por Bautista. La muchacha y el panadero* bailaron toda la tarde con gran entusiasmo.

Carlos insultó a la Ignacia por su coquetería. La muchacha, que no tenía gran inclinación por Carlos, empezó a tenerle miedo.

Poco después, Bautista Urbide se presentó en casa de Ohando para hablar con doña Águeda. Se celebró la boda, y Bautista y la Ignacia fueron a vivir a Zaro, un pueblecillo del país vasco-francés.[65]

---

[65] *País vasco-francés:* zona del sur de Francia que tiene frontera con el País Vasco y Navarra, dos regiones del norte de España.

# CAPÍTULO 9

*Cómo intentó vengarse\* Carlos de Martín Zalacaín*

Carlos Ohando enfermó de cólera y de rabia. Su alma, violenta y orgullosa, no podía soportar la humillación\* de ser vencido. En su intento de conquistar a la Ignacia, sentía más odio contra Martín que inclinación por la chica. Quería deshonrar a la Ignacia y hacer que la vida de Martín fuera triste. En el fondo, a Carlos le ofendía la serenidad de Martín, su alegría por vivir y su suerte. Por otra parte, el fracaso de su conquista le hizo más malhumorado[66] y sombrío.

Una noche se levantó de la cama porque no podía dormir y bajó al comedor. Abrió una ventana y se asomó. Carlos respiraba el aire tibio\* de la noche cuando oyó un cuchicheo.[67] Su hermana Catalina hablaba desde la ventana de su cuarto con alguien que se encontraba en la huerta.

Cuando Carlos comprendió que hablaba con Martín, sintió un dolor agudísimo y una gran ira. Parecía que el destino de los dos era chocar\* el uno contra el otro.

Martín contaba a Catalina la boda de Bautista y de la Ignacia, en Zaro. Carlos desfallecía\* de cólera. Martín le había impedido

---

[66] *Malhumorado*: enfadado.
[67] *Cuchicheo*: sonido producido al hablar varias personas entre sí en voz baja.

conquistar a la Ignacia. Además, deshonraba a los Ohandos siendo el novio de su hermana y hablando con ella de noche.

Sobre todo, lo que más hería a Carlos era la superioridad de Martín. Era capaz de prosperar,* de hacerse rico, de casarse con su hermana y de considerar todo esto lógico, natural… Era una desesperación.

Carlos hubiera gozado conquistando a la Ignacia y abandonándola luego. Sin embargo, Martín le ganaba la partida alejando a la Ignacia y enamorando a su hermana.

Carlos oyó un beso y, luego, que las ramas de un árbol se movían. Tras esto, vio a un hombre que bajaba por el tronco de un árbol, cruzaba la huerta, saltaba la tapia* y desaparecía. Carlos se llevó la mano a la frente y pensó con rabia en la magnífica ocasión perdida.

¡Qué magnífico instante para concluir con aquel hombre! ¡Un tiro a bocajarro![68] Si lo mataba, todo el mundo lo consideraría un caso de legítima defensa[69] contra un ladrón.

Al día siguiente, Carlos buscó una escopeta de su padre, la encontró, la limpió a escondidas[70] y la cargó con balas.

Cuatro días después, Carlos sintió a Martín en la huerta. Todavía no había salido la luna y esto salvó al enamorado. Carlos, impaciente,* al oír el ruido de las hojas, apuntó y disparó. Con el fogonazo,[71] vio a Martín en el tronco del árbol y volvió a disparar. Se oyó un grito agudo de mujer y el golpe de un cuerpo en el suelo. La madre de Carlos y las criadas salieron de sus cuartos gritando. Catalina, pálida como una muerta, no podía hablar.

---

[68] *A bocajarro:* disparar un arma desde muy cerca.
[69] *Legítima defensa:* referido a un delito, que libera de culpa al que lo comete.
[70] *A escondidas:* sin que nadie lo viera.
[71] *Fogonazo:* fuego que se produce al disparar un arma.

Doña Águeda, Carlos y las criadas salieron al jardín. Debajo del árbol vieron algunas gotas de sangre, pero Martín había huido.

Cuando Carlos supo que Martín estaba solamente herido en un brazo y que paseaba por el pueblo como un héroe, se sintió furioso.

Con el atentado, la hostilidad entre Carlos y Catalina, ya existente, se acentuó. Doña Águeda, para evitar disputas, envió a Carlos de nuevo a Oñate y ella se dedicó a vigilar a su hija.

# LIBRO SEGUNDO

ANDANZAS
Y CORRERÍAS

# CAPÍTULO 1

*En el que se habla de los preludios de la última guerra carlista*

Para algunos hombres la vida es extraordinariamente fácil. ¿Es talento, es instinto o es suerte? Estos hombres aseguran que es instinto o talento. Sus enemigos dicen que es casualidad, suerte.

Zalacaín era afortunado, todo le iba bien: negocios, contrabando, amores, juego… Su ocupación principal era el comercio de caballos y de mulas* que compraba en Francia y pasaba de contrabando por Roncesvalles.[1] Tenía como socio a Capistun el *americano*. Era un hombre inteligentísimo, ya mayor. Todo el mundo le llamaba el *americano*, aunque sabían que era gascón.[2] Tenía ese mote porque había vivido en América mucho tiempo.

Bautista Urbide, antiguo panadero de Archipe, formaba parte de las expediciones* muchas veces. Capistun y Martín descansaban en el pueblo de Zaro, donde vivía la Ignacia con Bautista. Capistun y Martín conocían muy bien los puertos[3] de la zona. Habían recorrido muchas veces los caminos. En casi todos los pueblos de la frontera vasco-navarra[4] tenían un agente para sus negocios de contrabando.

---

[1] *Roncesvalles:* aquí, un importante paso de montaña del Pirineo Navarro.
[2] *Gascón:* nacido en Gascuña, al suroeste de Francia.
[3] *Puertos:* aquí, lugares estrechos para pasar de una montaña a otra.
[4] *Vasco-navarra:* entre el País Vasco y la región de Navarra.

La vida de Capistun y Martín era accidentada* y peligrosa. Para Martín, la orden del viejo Tellagorri era la norma de su vida. Cuando se encontraba en una situación difícil, rodeado por los carabineros[5] o perdido en el monte en medio de la noche, recordaba la actitud y la voz del viejo al decir: «¡Firmes! ¡Siempre firmes!». Y hacía lo necesario en aquel momento con decisión.

Martín comenzaba a estar influido por el liberalismo[6] francés y a encontrar atrasados[7] y fanáticos a sus paisanos.* A pesar de esto, creía que don Carlos conseguiría la victoria en el inicio de la guerra. Generalmente, Martín y Capistun hacían negocios con el comité de Bayona. Muchas veces habían dejado en manos de jóvenes carlistas armas y plomo* para hacer balas.

Un día de mayo Martín, Capistun y Bautista fueron a Vera. La señora de Ohando tenía una casa en el barrio de Alzate y estaba allí. Martín quería hablar con su novia, y Capistun y Bautista le acompañaron. Mientras Martín se quedó en Alzate, Capistun y Bautista entraron en Vera. En aquel momento, don Carlos de Borbón, el pretendiente, llegaba rodeado de generales* carlistas y de algunos franceses. Leyeron un discurso patriótico* y don Carlos exclamó:

—Hoy dos de mayo. ¡Día de fiesta *nasional*! ¡*Abaco* el *extranquero*![8]

El *extranquero* era Amadeo de Saboya.

---

[5] *Carabineros:* soldados que vigilan las fronteras para evitar el contrabando.
[6] *Liberalismo:* doctrina política que defiende la libertad del individuo y la no intervención del Estado en la vida social y económica.
[7] *Atrasados:* con ideas propias del pasado.
[8] Deformación del habla con fines humorísticos. Lo correcto es: *¡Día de fiesta nacional! ¡Abajo el extranjero!*

Cuando llegó Martín a Vera encontró la plaza llena de carlistas. Bautista le dijo:

—La guerra ha empezado.

Martín se quedó pensando en aquella guerra y en cómo influiría en sus amores con Catalina.

## CAPÍTULO 2

*Cómo Martín, Bautista y Capistun pasaron una noche en el monte*

Una noche de invierno, marchaban tres hombres con cuatro magníficas mulas cargadas con grandes fardos.[9] Se dirigían hacia los altos del monte Larrun. Bordeando* un arroyo* y cruzando prados llegaron a una cabaña* y cenaron. Los tres hombres eran Martín Zalacaín, Capistun el gascón y Bautista Urbide. Llevaban uniformes para los carlistas.

Después de cenar en la cabaña, los tres hombres continuaron el viaje. La noche era fría, comenzaba a nevar.* Al entrar en el puerto de Ibantelly, les sorprendió una tempestad.* No era fácil seguir adelante. Mientras Capistun se quedaba con las mulas, Martín fue a un lado y Bautista a otro para buscar algún refugio o cabaña de pastor. Zalacaín vio a pocos pasos una casucha[10] de carabineros cerrada.

—¡Eup! ¡Eup! —gritó. No contestó nadie.

Inmediatamente corrió a avisar a los amigos de su descubrimiento. Los fardos que llevaban las mulas tenían mantas. Sujetándolas* por un extremo en la choza y por otro en unas ramas, hicieron un refugio para las caballerías.*

---

[9] *Fardos:* mercancías envueltas en telas para poder transportarlas fácilmente.
[10] *Casucha:* casa pequeña y vieja.

Cuando la carga y las mulas estaban seguras, entraron los tres en la casa de los carabineros y encendieron una hermosa hoguera.* Luego, como era natural, hablaron de la guerra. El carlismo se extendía. La República española era una calamidad.[11] Los periódicos hablaban de asesinatos, de incendios, de soldados sin jefes. Era una vergüenza.

Sin embargo, en la frontera española y en la francesa se sentía un gran entusiasmo por el Pretendiente. Capistun y Bautista citaron a los mozos que conocían y que se habían unido a los carlistas.

—¡Valientes granujas![12] —murmuró Martín, que escuchaba.

Los vascos, siguiendo las tendencias de su raza, defendían lo viejo frente a lo nuevo. Así habían peleado en la antigüedad contra el romano, contra el godo,[13] contra el árabe, contra el castellano, siempre a favor de la costumbre vieja y en contra de la idea nueva. Los aldeanos y antiguos nobles vascos y navarros del Pirineo creían en don Carlos de Borbón y estaban dispuestos a morir por él.

Capistun, como buen republicano, afirmó que la guerra era una barbaridad* en todas partes.

—Paz, necesitamos paz para poder trabajar y vivir.

—¡Ah, la paz! —replicó Martín—; es mejor la guerra.

—No, no —respondió Capistun—. La guerra es la barbarie,* nada más.

Poco después de medianoche, la nieve comenzó a cesar y Capistun dio la orden de marcha. En el cielo había estrellas. Los pies se hundían en la nieve y sentían un silencio de muerte.

---

[11] *Calamidad:* algo mal hecho o que no funciona.
[12] *Granujas:* personas que se ganan la vida con facilidad, a veces con engaños.
[13] *Godo:* pueblo germánico que invadió el Imperio romano.

Iba a amanecer. Cuando se acercaban a Vera, oyeron a lo lejos varios tiros.

—¿Qué pasa aquí? —se preguntaron.

Tras un instante volvieron a oír nuevos tiros y un lejano sonido de campanas.

—Hay que ver qué es.

Decidieron que Capistun, con las cuatro mulas, volviera despacio hacia la choza de carabineros donde habían pasado la noche. Si no ocurría nada en Vera, Bautista y Zalacaín volverían inmediatamente. Si en dos horas no estaban allá, Capistun debía llegar a la frontera y refugiarse en Francia.

Las mulas volvieron de nuevo camino del puerto, y Zalacaín y su cuñado comenzaron a bajar del monte en línea recta, saltando, deslizándose* sobre la nieve. Media hora después entraban en las calles de Alzate, donde todas las puertas se veían cerradas.

Llamaron en una posada conocida. El posadero,[14] asustado, se presentó en la puerta.

—¿Qué pasa? —preguntó Zalacaín.

—Que ha entrado en Vera otra vez la banda del Cura.

Bautista y Martín conocían al Cura y su enemistad[15] con algunos generales carlistas. Decidieron que era peligroso llevar la mercancía a Vera si la gente del Cura andaba por allí.

—Vamos en seguida a avisar a Capistun —dijo Bautista.

—Bueno, vete tú —repuso Martín—, yo te alcanzo en seguida.

—¿Qué vas a hacer?

—Voy a ver a Catalina.

—Yo te esperaré.

---

[14] *Posadero*: persona que tiene una posada.
[15] *Enemistad*: sentimiento de odio entre dos personas. Contrario de *amistad*.

Catalina y su madre vivían en una magnífica casa de Alzate. Llamó Martín a la puerta y dijo a la criada:

—¿Está Catalina?

—Sí... Pasa.

Entró en la cocina. Era grande y algo oscura. La criada había subido la escalera y, después de algún tiempo, bajó Catalina.

—¿Eres tú? —dijo sollozando.

—Sí, ¿qué pasa?

Catalina contó que su madre estaba muy enferma, su hermano se había ido con los carlistas y a ella querían meterla en un convento.*

—¿A dónde te quieren llevar?

—No sé, todavía no lo han decidido.

—Cuando lo sepas, escríbeme.

—Sí, pero ahora vete, Martín. Mi madre nos habrá oído hablar y está muy alarmada* por los tiros.

Martín abrazó a Catalina y ella apoyó la cabeza en el hombro de su novio. Luego, salió de la casa. En la calle vio un espectáculo inesperado.

Bautista discutía a gritos con tres hombres armados. Aquellos individuos eran de la banda del Cura y habían presentado a Bautista Urbide este sencillo dilema:* «O formar parte de la banda o quedar prisionero y recibir además una tanda de palos».[16]

Martín iba a lanzarse a defender a su cuñado cuando vio, en un extremo de la calle, cinco o seis mozos armados. En el otro esperaban diez o doce. Martín, con su rápido instinto, se dio cuenta de que no había más remedio que someterse. Dijo a Bautista, en vascuence, con aparente entusiasmo:

---

[16] *Tanda de palos:* paliza.

—¡Qué demonio,[17] Bautista! ¿No somos carlistas? ¿Tú no querías entrar en una banda? Pues ahora podemos.

Uno de los tres hombres exclamó satisfecho:

—¡*Arrayua!* Este es de los nuestros.[18] Venid los dos.

El hombre era alto, flaco, vestido con un uniforme destrozado.* Parecía el jefe y le llamaban Luschía.

Martín y Bautista siguieron a los mozos armados, pasaron de Alzate a Vera y se detuvieron en una casa.

—¡Bajadlos! ¡Bajadlos! —dijo Luschía a su gente.

Cuatro mozos entraron en el portal y subieron por la escalera. Luschía, mientras, preguntó a Martín:

—¿De dónde sois vosotros?

—De Zaro.

—¿Sois franceses?

—Sí —dijo Bautista.

Martín no quiso decir que él no era francés. Sabía que eso podía protegerle. Los cuatro mozos que habían entrado en la casa trajeron a dos viejos.

—¡Atadlos! —dijo Luschía, el aldeano de la pipa.

—¿Qué han hecho? —preguntó Martín a uno de la banda.

—Son traidores —contestó este.

Uno de los viejos era un maestro de escuela y el otro un exguerrillero[19] de la banda del Cura.

Cuando las dos víctimas estuvieron atadas y con las espaldas desnudas, el mozo de la boina a rayas cogió una vara.* El maestro de escuela suplicaba,* el exguerrillero no dijo nada. Al primer golpe,

---

[17] *¡Qué demonio!:* expresión de sorpresa que, aquí, quiere decir *no importa.*
[18] *Es de los nuestros:* tiene las mismas ideas; aquí, también es carlista.
[19] *Exguerrillero:* persona que ha dejado de pertenecer a una guerrilla.*

el maestro de escuela perdió el sentido;[20] el otro calló y comenzó a recibir los golpes con una serenidad siniestra.

Luschía se puso a hablar con Zalacaín. De cuando en cuando,[21] decía al de la boina de rayas: *¡Jo! ¡Jo!* (Pega, pega). Y volvía a caer la vara sobre las espaldas desnudas.

---

[20] *Perdió el sentido:* quedó inconsciente a causa de un fuerte golpe en la cabeza.
[21] *De cuando en cuando:* cada cierto tiempo, equivale a *de vez en cuando*.

# CAPÍTULO 3

*La banda del Cura*

Concluida la paliza, Luschía dio la orden de marchar. Los quince o veinte hombres tomaron el camino a Oyarzun. Marchaban en dos grupos. En el primero iba Martín y en el segundo Bautista.

La partida llegó a medianoche a un monte cercano a Oyarzun, y entraron en una cabaña próxima a la ermita. Esta cabaña era el refugio del Cura. Allí estaba su depósito de municiones.* El cabecilla[22] no estaba. Pronto anocheció. Al día siguiente, muy temprano, les despertaron con un empujón.* Se levantaron y oyeron la voz de Luschía:

—Hala.[23] Vamos andando.

Era todavía de noche. Al mediodía se detuvieron en Fagollaga, y al anochecer llegaban a una venta próxima a Andoain, en donde pararon. Según dijo Luschía, allí se encontraba el Cura.

Efectivamente, poco después Luschía llamó a Zalacaín y a Bautista. Los tres subieron hasta el desván[24] y llamaron a la puerta.

—¿Se puede pasar? —preguntó Luschía.

—Adelante.

---

[22] *Cabecilla:* jefe de un grupo militar o guerrilla.
[23] *Hala:* expresión para animar a alguien a hacer o comenzar algo.
[24] *Desván:* habitación más alta de una casa, que está más cerca del techo.

Zalacaín, a pesar de ser sereno, sintió un ligero estremecimiento[25] en todo el cuerpo, pero se irguió y entró sonriente en el cuarto. Bautista iba a protestar.

—Yo hablaré —dijo Martín a su cuñado—, tú no digas nada.

A la luz de un farol,[26] vieron una mesa de pino donde estaban sentados dos hombres. Uno era el Cura, el otro su teniente, conocido por el *Jabonero*.

—Buenas noches —dijo Zalacaín en vascuence.

—Buenas noches —contestó el *Jabonero* amablemente.

El Cura no contestó. Estaba leyendo un papel.

Era un hombre regordete, más bajo que alto, de aspecto insignificante,* de más de treinta años. Lo único que le daba carácter era la mirada, amenazadora y dura.

Al cabo de algunos minutos, el Cura levantó la vista y dijo:

—Buenas noches.

Luego siguió leyendo. Todo parecía ensayado para producir terror. Zalacaín lo comprendió y contempló al Cura sin alterarse. Aquel hombre tenía la personalidad enigmática* de los seres sanguinarios.[27] Su fama de cruel y de bárbaro se extendía por toda España. Él lo sabía y, probablemente, estaba orgulloso del terror que causaba su nombre.

En el fondo era un pobre hombre. Era cura en un pueblecito próximo a Tolosa. Un día, cuando estaba celebrando misa, fueron a prenderle.* Dijo que iba a quitarse los hábitos,[28] pero salió por una ventana, huyó y empezó a organizar su partida.

---

[25] *Estremecimiento:* temblor a causa del miedo.
[26] *Farol:* caja de cristal que tiene una luz dentro. Sirve para iluminar.
[27] *Sanguinarios:* crueles, feroces, que matan con facilidad y sin culpa.
[28] *Hábitos:* ropa que llevan los curas para celebrar la misa.

Aquel hombre siniestro se sorprendió de la serenidad de Zalacaín y de Bautista. Sin mirarles, les preguntó:

—¿Sois vascongados?[29]

—Sí —dijo Martín.

—¿Qué hacíais?

—Contrabando de armas.

—¿Para quién?

—Para los carlistas.

—¿Es verdad que tenéis armas escondidas cerca de Urdax?

—Ahí y en otros sitios.

—¿Para quién las traíais?

—Para los navarros.

—Iremos a buscarlas. Si no las encontramos, os fusilaremos.*

—Está bien —dijo fríamente Zalacaín.

—Marchaos —respondió el Cura, molesto por no asustarles.

En la salida el *Jabonero* se acercó a ellos. Tenía aspecto de militar, de hombre amable y bien educado.

—No temáis —dijo—. Si decís la verdad, nada os pasará.

—Nada tememos —contestó Martín.

Fueron los tres a la cocina. El posadero trajo la cena y botellas de vino y de sidra. Se lanzaron sobre la comida como fieras hambrientas.* Luego, se acostaron. Martín le dijo a Bautista en francés:

—Cuidado, eh. Hay que estar preparados para escapar a la mejor ocasión.

Bautista movió la cabeza afirmativamente, dando a entender que no se olvidaba.

---

[29] *Vascongados:* habitantes del País Vasco.

## CAPÍTULO 4

*Cómo la banda del Cura detuvo la diligencia cerca de Andoain*

Al tercer día de estar en la venta, la banda estaba inactiva. El *Jabonero* y Luschía acordaron detener aquella mañana la diligencia que iba desde San Sebastián a Tolosa.

Colocaron a la gente a lo largo del camino, de dos en dos.[30] Martín y Bautista se quedaron con el Cura y el *Jabonero* porque el cabecilla no confiaba en ellos.

A eso de las once de la mañana avisaron de que el coche llegaba. El Cura, el *Jabonero* y los siete u ocho hombres que estaban con ellos se plantaron en medio de la carretera. Al acercarse el coche, el Cura levantó un garrote[31] y gritó:

—¡Alto![32]

—¡*Arrayua!* ¡El Cura! —exclamó el cochero en voz alta.

—Abajo todo el mundo —mandó el Cura.

Se oyó en el interior un coro de exclamaciones y de gritos.

Bajaron primero dos campesinos vascongados y un cura. Luego bajó un hombre rubio, que parecía extranjero. Después bajó una

---

[30] *De dos en dos:* en grupos de dos personas.
[31] *Garrote:* palo ancho, pesado y de madera que se usa como bastón.
[32] *¡Alto!:* expresión que se dice para hacer parar un coche o una persona.

muchacha morena, que ayudó a bajar a una señora gruesa, de pelo blanco.

—Dios mío, ¿adónde nos llevan? —exclamó la señora.

Anchusa y Luschía llevaron los caballos a la posada. Dos hombres acompañaron a los campesinos y al cura.

—Vosotros —dijo el cabecilla a Bautista, Zalacaín, y a otros dos hombres armados—, id con la señora, la señorita y este viajero.

La señora gruesa lloraba. Se arrodilló* en el suelo y pidió que la dejaran libre. La señorita, pálida, con los dientes apretados, lanzaba fuego por los ojos.[33]

—Ande usted, señora —dijo Martín—, no les pasará nada.

La joven no dijo nada, pero lanzó a Martín una mirada de odio y de desprecio.

Las dos mujeres y el extranjero comenzaron a marchar por la carretera.

—Atención, Bautista —dijo Martín en francés—, tú a uno, yo a otro. Cuando no nos vean. El extranjero, extrañado,* preguntó en el mismo idioma:

—¿Qué van a hacer ustedes?

—Escapar. Vamos a quitar los fusiles a estos hombres. Ayúdenos usted.

Los dos hombres armados, al oír que hablaban en otra lengua, sospecharon.

—¿Qué habláis? —dijo uno, preparando el fusil.

No tuvo tiempo de hacer nada porque Martín le dio un golpe y el hombre tiró el fusil. Bautista y el extranjero le quitaron el arma al otro.

---

[33] *Lanzaba fuego por los ojos:* se veía en sus ojos que estaba muy enfadada.

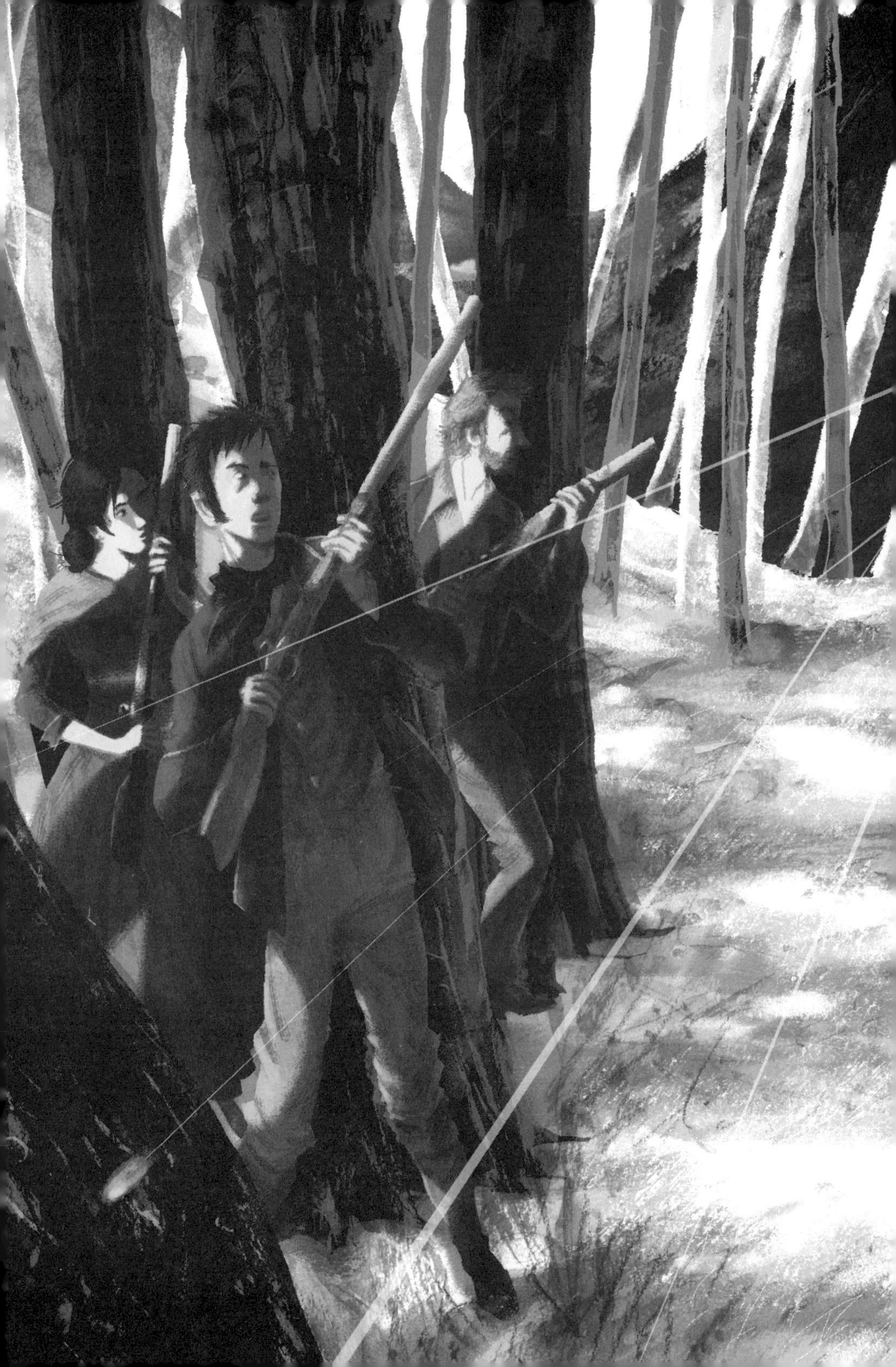

Las dos mujeres, libres, echaron a correr[34] por la carretera en dirección a Hernani. Uno de los hombres escapó corriendo a avisar a la partida. El extranjero, Martín y Bautista corrieron y se reunieron con las dos mujeres. Tenían gran ventaja, pero las mujeres corrían poco. La gente del Cura se plantaría allí en poco tiempo.

—No puedo —gemía la señora—. No puedo andar más.

—¡Bautista! —exclamó Martín—. Corre a Hernani, busca gente y tráela. Nosotros nos defenderemos aquí. La lástima es que queda un arma inútil.

—Yo dispararé —dijo la muchacha.

Los hombres de la partida se acercaban. Se oían las balas. El extranjero, la señorita y Martín se protegieron cada uno detrás de un árbol y repartieron las municiones. La señora vieja, sollozando, se echó en la hierba.

Seis hombres se acercaban. Uno de ellos era Luschía. El extranjero disparó y uno de los hombres cayó al suelo dando gritos.

—Buena puntería[35] —dijo Martín.

—No es mala —contestó fríamente el extranjero.

Los otros cinco hombres recogieron al herido y lo retiraron. Luego, cuatro de ellos dispararon al árbol de donde había salido el tiro. Creían que allí estaban Martín y Bautista. Entonces disparó Martín e hirió a otro hombre en una mano. Quedaban solo tres. Retrocedían y seguían haciendo disparos.

—¿Ha descansado su madre? —preguntó Martín a la señorita.

—Sí.

—Dígale que siga huyendo. Váyase usted también.

—No, no.

---

[34] *Echaron a correr:* empezaron a correr.
[35] *Puntería:* capacidad de disparar un arma y dar en el objetivo.

—¡No hay que perder tiempo! —gritó Martín, y dio una patada en el suelo.

La señorita dejó el fusil y, con su madre, comenzó a marchar por la carretera.

El extranjero y Martín retrocedieron sin disparar. Al llegar a una vuelta del camino[36] comenzaron a correr con toda la fuerza de sus piernas. Pronto se reunieron con la señora y su hija. A la media hora comenzaron a oír las balas por encima de sus cabezas.

Allí no había árboles para protegerse, pero sí había unos montes de piedra. Martín, el extranjero, la señora y su hija se echaron detrás de las piedras. Al poco tiempo aparecieron varios hombres. Querían rodearlos y cogerlos entre dos fuegos.[37]

—Si Bautista no viene pronto con gente, creo que vamos a tener dificultades —exclamó Martín.

La señora comenzó a lamentarse, con grandes sollozos,* de haber escapado. El extranjero sacó un reloj y murmuró:

—Bautista tenía tiempo. No habrá encontrado nadie. Veremos si aquí podemos resistir.

—¡Hermoso día! —murmuró Martín—. La verdad es que un día tan hermoso invita a todo. Invita incluso a que a uno le peguen un tiro.

Dos o tres balas pasaron y dieron en el suelo. Martín vio a un hombre que le apuntaba desde un árbol. Él apuntó a su vez y los dos tiros sonaron casi simultáneamente. Al poco tiempo, el hombre apareció más cerca y disparó a Martín.

---

[36] *Vuelta del camino:* giro o cambio de dirección en un camino.
[37] *Entre dos fuegos:* estar en medio de dos grupos que disparan.

Este sintió un golpe en el muslo y comprendió que estaba herido. Puso la mano en la herida y notó una cosa tibia. Era sangre. Sintió que perdía las fuerzas y cayó desmayado.[38]

En aquel instante, una compañía[39] de guardias avanzaba por la carretera corriendo y haciendo disparos. La gente del Cura se retiraba.

---

[38] *Cayó desmayado:* perdió el sentido.
[39] *Compañía:* grupo de soldados.

## CAPÍTULO 5

*Cómo cuidó la señorita de Briones a Martín Zalacaín*

Cuando Martín Zalacaín pudo darse cuenta de que vivía, se encontró en la cama. Hizo un esfuerzo para moverse y se sintió muy débil y con un ligero dolor en el muslo. Recordó vagamente* lo pasado, la lucha en la carretera, y quiso saber dónde estaba.

—¡Eh! —gritó con voz débil.

En seguida una mujer de ojos negros apareció.

—Por fin. ¡Ya se ha despertado usted! —dijo la muchacha.

—Sí. ¿Dónde me han traído? —preguntó Martín—. ¿Estoy prisionero?

—No, no. Aquí está usted seguro.

—¿En qué pueblo estamos?

—En Hernani. Pero ahora siga usted durmiendo. Dentro de un momento vendrá el médico.

Al mediodía llegó el médico, que reconoció la herida de Martín, le tomó el pulso[40] y dijo:

—Ya puede empezar a comer.

Pocos instantes después, apareció Bautista.

---

[40] *Tomar el pulso:* reconocer el ritmo del corazón de una persona.

—Hola, Bautista —dijo Martín burlonamente[41]—. ¿Qué te ha parecido nuestra primera aventura de guerra? ¿Eh?

—¡Hombre! A mí, bien —contestó el cuñado—. A ti quizá no tanto.

—¡Psch! Ya hemos salido de allí.

La muchacha de los ojos negros era la señorita que se había fugado con ellos en compañía de su madre. Al principio Martín no la reconoció. Esta señorita le contó a Martín cómo le llevaron hasta Hernani y le extrajeron la bala.

—Yo no me he dado cuenta de todo esto —dijo Martín—. ¿Cuánto tiempo llevo en la cama?

—Cuatro días.

—¿Cuatro días? Por eso estoy tan débil. ¿Y su madre?

—También ha estado enferma, pero ya está mejor.

—Me alegro mucho. ¿Sabe usted? Es raro —dijo Martín—, no me parece usted la misma muchacha que vino en la carretera con nosotros.

—¿Y por qué?

—Le brillaban los ojos a usted de una manera tan dura... Pero ahora no. Ahora sus ojos me parecen muy suaves. La muchacha se ruborizó[42] y sonrió.

—La verdad es que has tenido suerte —dijo Bautista—. Esta señorita te ha cuidado como a un rey.

—¡Qué menos[43] podía hacer yo por uno de nuestros salvadores! —exclamó ella ocultando su confusión—. Oh, pero no hable usted tanto. Para el primer día es demasiado.

---

[41] *Burlonamente:* riéndose con ironía o burlonamente.
[42] *Se ruborizó:* su cara se puso roja a causa de la vergüenza.
[43] *¡Qué menos!:* expresión que significa *lo mínimo.*

—Una pregunta solo —dijo Martín—. ¿Cómo se llama usted?

—Rosa Briones.

—Muchas gracias, señorita Rosa —murmuró.

La convalecencia[44] de Martín fue muy rápida. Baustista, al ver a su cuñado en buenas manos,[45] se fue a Francia para reunirse con Capistun y seguir con los negocios. Un día Rosita le preguntó de pronto a Martín:

—¿Y Catalina quién es? ¿Es su novia?

—Sí. ¿Cómo lo sabe usted?

—Porque ha hablado usted mucho de ella durante la convalecencia. ¿Es guapa?

—Sí, creo que sí.

—¿Cómo? ¿Cree usted nada más?

—Es que la conozco desde chico y estoy tan acostumbrado a verla que casi no sé cómo es.

—¿Pero no está usted enamorado de ella?

—No sé, la verdad.

—¡Qué cosa más rara! ¿Y tiene hermosos ojos?

—No tanto como usted —dijo Martín.

A Rosita Briones le brillaron los ojos y envolvió a Martín en una de sus miradas enigmáticas.

Al día siguiente, Rosita y su madre iban a San Sebastián para marcharse desde allí a Logroño. Les acompañó Martín, y su despedida fue muy afectuosa.* Doña Pepita le abrazó y Rosita le estrechó* la mano varias veces y le dijo:

—Vaya usted a vernos.

—Sí, ya iré.

---

[44] *Convalecencia:* tiempo que tarda un enfermo en curarse.
[45] *En buenas manos:* que estaba cuidado por buena gente.

—Pero que sea de veras.*

Los ojos de Rosita decían mucho.

Al marcharse madre e hija, Martín pareció despertar de un sueño. Se acordó de sus negocios, de su vida, y sin perder tiempo se fue a Francia.

## CAPÍTULO 6

*Cómo Martín Zalacaín buscó nuevas aventuras*

Una noche de invierno llovía en las calles de San Juan de Luz.[46] En el puerto, en una taberna de marineros, cuatro hombres charlaban.* El viento soplaba con furia sobre la noche negra y el mar negro. Se oía el ruido de las olas al golpear la pared del muelle.* Martín, Bautista, Capistun y un hombre viejo, llamado Ospitalech, hablaban de la guerra carlista, que seguía sin resolverse.

Zalacaín no estaba contento. Llevaba ya más de un año sin saber nada de su novia. En Urbía se ignoraba su paradero* y se decía que doña Águeda había muerto, pero no estaba confirmada la noticia.

—¿Alguno de vosotros se encargaría de un negocio difícil, en que hay que arriesgarse? —preguntó de pronto Ospitalech.

—¿De qué se trata? —preguntó Martín.

—Se trata de hacer un recorrido entre las filas[47] carlistas y conseguir que varios generales, y don Carlos, firmen unas letras.[48]

—¡Demonio![49] No es fácil el negocio —exclamó Zalacaín.

---

[46] *San Juan de Luz:* pueblo francés muy cercano a la frontera con España.
[47] *Filas:* lugares donde hay secciones de un ejército.
[48] *Letras:* documento en el que se ordena pagar un dinero a otra persona.
[49] *¡Demonio!:* expresión de sorpresa.

—Ya lo sé. Pero se pagaría bien. El veinte por ciento del valor de las letras.

—¿Y cuánto es el valor de las letras?

—¿Cuánto? No sé seguro la cantidad. ¿Pero tú irías?

—¿Por qué no? Si se gana mucho...

—¿De manera que tú estás dispuesto a encargarte de ese asunto? —preguntó Ospitalech a Martín—. ¿Solo?

—Sí, solo.

—Bueno, vamos a dormir. Por la mañana iremos a ver al jefe del negocio y te dirá cuánto puedes ganar.

Al día siguiente, muy temprano, Martín tomó el tren para Bayona con Ospitalech. Fueron los dos a casa de un judío que se llamaba Levi-Álvarez. Era un hombre bajito, con la nariz arqueada,[50] el bigote blanco y los anteojos de oro. Ospitalech era su empleado. Le contó a su jefe que Martín se ofrecía a entrar en el campo carlista para volver con las letras firmadas.

—¿Cuánto quiere usted por eso? —preguntó Levi-Álvarez.

—El veinte por ciento.

—¡Caramba![51] Es mucho. ¿Sabe usted que las letras valen ciento veinte mil duros? El veinte por ciento sería una cantidad enorme.

—Es lo que me ha ofrecido Ospitalech. Eso o nada. Es mi última palabra —repuso Martín.

—Bueno, bueno. Está bien. ¿Sabe usted que si tiene suerte va a ganar veinticuatro mil duros...?

—Y si no me pegarán un tiro.

—Exacto. ¿Acepta usted?

---

[50] *Arqueada:* con forma de arco, de curva.
[51] *¡Caramba!:* expresión de sorpresa.

—Sí, señor, acepto. Pero yo exijo que usted me dé este contrato por escrito —dijo Martín.

El judío quedó un poco sorprendido y, después de vacilar* un poco, preguntó:

—¿Cómo quiere usted que lo haga?

—En pagarés[52] de mil duros cada uno.

El judío rellenó los pagarés y puso los sellos.

Martín fue a casa de un notario* de Bayona y le preguntó si los pagarés estaban en regla.[53] El notario le dijo que sí y Martín los depositó bajo recibo.*

El mismo día se fue a Zaro.

—Guardadme este papel —dijo a Bautista y a su hermana, dándoles el recibo—. Yo me voy.

—¿Adónde vas? —preguntó Bautista.

Martín le explicó sus proyectos.

—Eso es un disparate* —dijo Bautista—, te van a matar. Si te ve alguien de la partida del Cura, te denuncia.

—No está ninguno en España. Algunos están por Francia, trabajando.

—No importa, es una barbaridad lo que quieres hacer.

—¡Hombre! Yo no obligo a nadie a venir conmigo —dijo Martín.

—Es que si tú crees que eres el único capaz de hacer eso, estás equivocado —replicó Bautista—. Yo voy donde otro vaya. No se dirá que un vasco-francés no se atreve a ir donde va un vasco español.

—Bueno, ya veo que lo que tú quieres es acompañarme. Iremos juntos y, si conseguimos traer las letras firmadas, te daré algún dinero.

---

[52] *Pagarés:* papeles que obligan a pagar una cantidad en un tiempo determinado.
[53] *En regla:* correctamente escritos.

—¿Cuánto?

—Ya veremos.

—¡Qué granuja eres! —exclamó Bautista—. ¿Para qué quieres tanto dinero?

—¿Qué sé yo? Tengo algo en la cabeza.[54] ¿Qué? No lo sé.

A Bautista le extrañaba esta ambición oscura de Martín, porque él era claro y ordenado y sabía muy bien lo que quería.

Dejaron esta cuestión y hablaron del recorrido que harían. Para no llevar la lista de todas las personas que tenían que ver, Bautista, que tenía magnífica memoria, se la aprendió. Cosieron las letras entre el cuero de los pantalones y por la noche se embarcaron en el vapor la *Flèche*. Al amanecer, el piloto vio un barco que parecía de guerra, y forzando la marcha entró en Zumaya.

Varias compañías carlistas salieron al puerto dispuestas a disparar, pero cuando reconocieron el barco francés se tranquilizaron. Después de desembarcar, Bautista recordó a los comerciantes a quienes tenían que visitar. Los encontraron, firmaron las letras, compraron dos caballos y consiguieron un salvoconducto.[55] Por la tarde, Martín y Bautista marcharon por la carretera de Cestona.

Pasaron la noche en Cestona y durmieron en la posada de Blas. Muy de mañana Zalacaín y Bautista fueron a Azpeitia. Después fueron a Regil y el tercer día llegaron a Tolosa, en donde estuvieron unas horas. De Tolosa fueron a Amézqueta, y de allí al valle de Araquil. Se detuvieron en Echarri-Aranaz. Entraron en la cocina de la venta a calentarse al fuego y al rato se presentó en la venta un señor rubio. Al ver a Bautista y a Martín, les miró atentamente.

---

[54] *Tengo algo en la cabeza:* estoy pensando en algo todo el tiempo.
[55] *Salvoconducto:* documento que garantiza viajar libremente a quien lo lleva.

—¡Pero son ustedes!
—Usted es el de...
—El mismo.

Era el extranjero a quien habían liberado del Cura.

—¿A qué vienen ustedes por aquí? —preguntó el extranjero.
—Vamos a Estella.
—Yo también. Iremos juntos. ¿Conocen ustedes el camino?
—No.
—Yo sí. He estado ya una vez.
—Pero, ¿qué hace usted andando siempre por estas tierras? —le preguntó Martín.
—Es mi oficio —le dijo el extranjero.
—Pues, ¿qué es usted, si se puede saber?
—Soy periodista. La fuga aquella me sirvió para hacer un artículo interesantísimo. Hablaba de ustedes dos y de aquella señorita morena. ¡Qué chica más valiente, eh!
—Ya lo creo.
—Si no tienen ustedes inconveniente, iremos juntos a Estella.

A las siete de la mañana, cuando empezó a aclarar,* salieron los tres juntos. Atravesaron el túnel de Lizárraga y comenzaron a descender hacia la llanura de Estella. Al anochecer llegaron cerca de Estella.

Antes de entrar en la ciudad carlista encontraron una compañía. Un teniente les ordenó detenerse. Le mostraron sus pasaportes. Al llegar cerca del convento de Recoletos era de noche.

—¿Quién vive?[56] —gritó un centinela.[57]

---

[56] *¿Quién vive?*: fórmula para preguntar quién llega.
[57] *Centinela*: soldado que vigila un lugar.

—España.
—¿Qué gente?
—Paisanos.
—Adelante.
Mostraron sus documentos y entraron en la ciudad carlista.

## CAPÍTULO 7

*Martín y el extranjero pasean de noche por Estella*

Pasaron por el portal de Santiago y entraron en la calle Mayor. Preguntaron en la posada si había alojamiento.*

—Está la casa llena —dijo una muchacha—. No hay sitio para tres personas, solo una puede quedarse.

—¿Y las caballerías? —preguntó Bautista.

—Creo que hay sitio en la cuadra.

Fue la muchacha a verlo y Martín dijo a Bautista:

—Tú te puedes quedar aquí. Debemos estar separados y hacer como si no nos conociéramos.

—Sí, es verdad —contestó Bautista.

—Mañana, a la mañana, en la plaza nos encontraremos.

—Muy bien.

Vino la muchacha y dijo que había sitio en la cuadra para los caballos. Entró Bautista en la casa con las caballerías. El extranjero y Martín fueron a otra posada del paseo de los Llanos, donde les dieron alojamiento.

En el cuarto de la posada olía a cuadra. Martín sacó la carta de Levi-Álvarez y el paquete de letras cosido en el cuero de la bota. Separó las ya firmadas de las otras. Como todas las letras eran para

Estella, las encerró en un sobre* y escribió: «Al general en jefe[58] del ejército carlista».

—¿Será prudente —se dijo— entregar estas letras sin garantía alguna?

No pensó mucho tiempo porque comprendió en seguida que era una locura pedir recibo.

—La verdad es que, si no quieren firmar, no puedo obligarles. Aquí hay que hacer como si a uno le fuera indiferente la cosa. Si sale bien, hay que aprovecharse de ella y, si no, dejarla.

Esperó a que se secara el sobre. Salió a la calle. Vio en la calle un sargento y, después de saludarle, le preguntó:

—¿Dónde puedo ver al general?

—¡A qué general!

—Al general en jefe. Traigo unas cartas para él.

—Estará probablemente paseando en la plaza. Venga usted.

Fueron a la plaza. En los arcos paseaban algunos jefes carlistas. El sargento se acercó al grupo y, dirigiéndose a uno de ellos, dijo:

—Mi general, este paisano trae unas cartas para el general en jefe.

Martín se acercó y entregó los sobres.

—¿Quién ha traído esto? —preguntó el general con voz fuerte.

—Yo —dijo Martín.

—¿Sabe usted lo que venía aquí dentro?

—No, señor.

—¿Quién le ha dado a usted estos sobres?

—El señor Levi-Álvarez de Bayona.

—¿Cómo ha venido usted hasta aquí?

—He ido de San Juan de Luz a Zumaya en barco, de Zumaya hasta aquí a caballo.

---

[58] *General en jefe:* persona que tiene la máxima autoridad en un ejército.

—¿Y no ha tenido usted ninguna dificultad en el camino?
—Ninguna.
—Aquí hay algunos papeles que hay que entregar al rey. ¿Quiere usted entregarlos o que se los entregue yo?
—Mi encargo es dar estos sobres y, si hay contestación,* llevarla a Bayona.
—¿No es usted carlista? —preguntó el general, sorprendido del tono de indiferencia de Martín.
—Vivo en Francia y soy comerciante.
—Ah, vamos, es usted francés.
Martín calló.
—¿Dónde se aloja usted? —siguió preguntando el general.
—En una posada de ese paseo…
—¿Piensa usted estar muchos días en Estella?
—Hasta que me digan si hay contestación o no.
—¿Cómo se llama usted?
—Martín Tellagorri.
—Está bien. Puede usted retirarse.
Saludó Martín y se fue a la posada. En la puerta se encontró con el extranjero.
—¿Dónde estaba usted? —le dijo—. Le estaba buscando.
—He ido a ver al general en jefe.
—¿Y le ha visto usted?
—Ya lo creo. Y le he dado las cartas que traía para él. Ha estado muy amable.
—Tenga usted cuidado, por si acaso.[59]
—¡Oh! Lo tendré.
—Ahora, vamos a cenar.

---

[59] *Por si acaso:* expresión que indica cuidado o precaución ante algo.

Subieron las escaleras y entraron en una cocina grande. Varios paisanos y soldados charlaban. Se sentaron a cenar a una mesa larga.

Martín se ahogaba en aquel sitio y se levantó de la mesa para marcharse. El extranjero le siguió y salieron los dos a la calle. Lloviznaba.* En algunas tabernas oscuras se veían grupos de soldados. Se oía la guitarra y una voz cantaba la jota,[60] en la calle negra y silenciosa.

Siguieron paseando y un sereno[61] les saludó y les dijo:

—¿Qué hacen ustedes aquí?

—Es que hemos cenado tarde y estábamos dando una vuelta —dijo el extranjero—. No queríamos acostarnos tan pronto.

—¿Por qué no van ustedes allí? —dijo el sereno, señalando los balcones de una casa que brillaban iluminados.

—¿Qué es lo que hay allí? —preguntó Martín.

—El Casino* —contestó el sereno.

—¿Y qué hacen ahora? —dijo el extranjero.

—Estarán jugando.

Se despidieron del vigilante nocturno y salieron al paseo de los Llanos. Una campana de un convento comenzó a tocar.

—Juego, campanas, carlismo y jota. ¡Qué español es esto, mi querido Martín! —dijo el extranjero.

—Pues yo también soy español y para mí todo eso es muy antipático —contestó Martín.

—Sin embargo, son los caracteres que constituyen la tradición de su país —dijo el extranjero.

—Mi país es el monte —contestó Zalacaín.

---

[60] *Jota:* música popular de algunas regiones del norte de España.
[61] *Sereno:* persona que vigilaba las calles de las ciudades por la noche y abría los portales de las casas a los vecinos.

## CAPÍTULO 8

*Cómo trascurrió el segundo día en Estella*

Martín y Bautista se encontraron en la plaza. Martín consideró que no debían verle hablar con su cuñado. Para decirle lo que había hecho la noche anterior escribió en un papel su entrevista con el general.

Luego, se fue a la plaza. Había unos soldados. En el balcón de una casa pequeña, enfrente de la iglesia, estaba don Carlos con algunos de sus oficiales.

Martín esperó a ver a Bautista y cuando le vio le dijo:

—Que no nos vean juntos —y le entregó el papel.

Bautista se alejó, y poco después se acercó de nuevo a Martín y le dio otro pedazo de papel.

—¿Qué pasará? —se dijo Martín.

Se fue de la plaza y, cuando estaba solo, leyó el papel de Bautista, que decía: «Ten cuidado. Está aquí el *Cacho* de sargento. No andes por el centro del pueblo».

Martín consideró de gran importancia la advertencia de Bautista. Sabía que el *Cacho* le odiaba y, como sargento, podía vengar sus antiguos rencores.

Martín pasó por el puente del Azucarero contemplando el agua verdosa\* del río.

Estaba allí parado cuando vio que se le acercaba el extranjero.

—¡Hola, querido Martín! —le dijo.

—¡Hola! ¡Buenos días!

—¿Va usted a echar un vistazo* por este viejo barrio?

—Sí.

—Pues iré con usted.

Tomaron por la Rua Mayor, la calle principal del pueblo antiguo. Al final de esta calle se encontraron con la iglesia del Santo Sepulcro* y se pararon a contemplarla. Aquella portada de piedra amarilla, con sus santos sin nariz, le pareció a Martín una cosa algo grotesca.* Sin embargo, el extranjero aseguró que era magnífica.

Martín y el extranjero vieron las otras iglesias del pueblo y volvieron a comer. En la mesa de la venta estaban un francés, el conde de Haussonville, y un joven comandante carlista llamado Iceta.

El conde era un hombre de unos cuarenta años, alto, grueso, rubio y hablaba en un castellano grotesco. Iceta era un aventurero. Había estado al principio en la guerra, pero luego se fue a América. Participó en una revolución y fue expulsado de allí por rebelde. Después volvió al ejército carlista, pero estaba deseando marcharse.

Un antiguo criado suyo, que se llamaba Asensio, le seguía a todas partes como amigo y asesor. Asensio era graciosísimo hablando castellano. No había palabra que dijera bien. Martín y el extranjero charlaron con Haussonville, con Iceta y con Asensio. Se rieron a carcajadas con los mil errores en la conversación del francés y del vasco. Después de comer en la posada, todos fueron a un café de la plaza.

Una porción de fieles y de oficiales carlistas iban a la iglesia.

—¡Qué país! —dijo Haussonville—. La gente no hace nada más que ir a la iglesia. Todo es para el señor cura: las buenas comidas, las buenas chicas...

El conde murmuraba diciéndose a sí mismo:

—¡España! ¡España! *¡Jamais de la vie!*[62] Mucho hidalgo, mucha misa, mucha jota, pero poco alimento.

—La guerra —añadía Asensio— es cosa *nada bueno*.

---

[62] *¡Jamais de la vie!*: expresión francesa que significa *¡Nunca jamás!*

## CAPÍTULO 9

*Martín durmió el tercer día de Estella en la cárcel*

Al día siguiente, por la noche, iba a acostarse Martín, cuando la posadera le entregó una carta, que decía: «Preséntese usted mañana de madrugada en la ermita del Puy. Allí se le devolverán las letras ya firmadas. El General en Jefe».

Martín se metió la carta en el bolsillo. Como la posadera no se marchaba de su cuarto, le preguntó:

—¿Quería usted algo?

—Sí. Nos han traído dos militares heridos y quisiéramos su cuarto para uno de ellos. Si usted no tiene inconveniente, le podemos trasladar abajo.

—Bueno, no tengo inconveniente.

Bajó a un cuarto del piso principal, que era una sala muy grande con dos alcobas*, y se acostó.

Era más de medianoche, cuando se despertó algo sorprendido. En la alcoba próxima se oían quejas y voces.

—¡Qué demonio será esto! —pensó Martín.

Miró el reloj. Eran las tres. Se volvió a tumbar en la cama, pero con los lamentos* no se pudo dormir y se levantó. Se vistió y se acercó a la alcoba próxima, y miró por entre las cortinas. Se veía vagamente a un hombre tendido en la cama.

—¿Qué le pasa a usted? —preguntó Martín.
—Estoy herido —murmuró el enfermo.
—¿Quiere usted alguna cosa?
—Agua.

A Martín le dio la impresión de conocer esta voz. Buscó por la sala una botella de agua, y como no había en el cuarto, fue a la cocina. La patrona preguntó:

—¿Qué pasa?
—El herido, que quiere agua.
—Voy.

La posadera apareció en enaguas[63] y le entregó a Martín una lamparilla:[64]

—Alumbre usted.

Tomaron el agua y volvieron a la sala. Al entrar en la alcoba, Martín iluminó el rostro del enfermo y el suyo. El herido tomó el vaso en la mano y mirando a Martín comenzó a gritar:

—¿Eres tú? ¡Canalla! ¡Ladrón! ¡Prendedle! ¡Prendedle!

El herido era Carlos Ohando.

Martín dejó la lamparilla sobre la mesa de noche.

—Márchese usted —dijo la posadera—. Está delirando.[65]

Martín sabía que no deliraba. Se retiró a la sala y escuchó, por si Carlos contaba alguna cosa a la posadera. En la sala estaba el equipaje* de Ohando. Martín pensó que quizá Carlos guardaba alguna carta de Catalina, y se dijo:

—Si esta noche encuentro una buena ocasión, abriré la maleta.

---

[63] *Enaguas:* prenda de ropa interior femenina, semejante a una falda.
[64] *Lamparilla:* pequeña vela con aceite.
[65] *Delirando:* diciendo cosas sin sentido a causa del dolor o la enfermedad.

No la encontró. Eran las cuatro de la mañana cuando Martín, envuelto en su capote, se marchó hacia la ermita del Puy. Llegó al campamento de don Carlos y, mostrando su carta, le dejaron pasar.

Esperó Martín hasta que el Borbón salió de la ermita, rodeado de sus generales.

—La verdad es que este rey es un rey ridículo —refunfuñó[66] Zalacaín.

—Ahí está el Rey. Tiene usted que arrodillarse y besarle la mano —dijo un oficial—. Y darle el título de Majestad.

Zalacaín no hizo caso.

Don Carlos no se fijó en Martín. Este se acercó al general, quien le entregó las letras firmadas. Zalacaín las examinó. Estaban bien.

Martín se alejó de allí y bajó al pueblo corriendo. Llevar en su bolsillo su fortuna le hacía ser muy asustadizo.[67] Se presentó Martín y, al ver a Bautista, le dijo:

—Vete a la iglesia y allí hablaremos.

Entraron los dos en la iglesia, y en una capilla oscura se sentaron en un banco.

—Toma las letras —le dijo Martín a Bautista—. ¡Guárdalas! Hay que prepararse para salir de Estella en seguida.

—No sé si podremos —dijo Bautista.

—Aquí estamos en peligro. Además del *Cacho*, se encuentra en Estella Carlos Ohando.

—¿Cómo lo sabes?

—Porque le he visto.

—¿En dónde?

—Está en mi casa, herido.

---

[66] *Refunfuñó:* habló en voz baja y de forma poco clara para mostrar enfado.
[67] *Asustadizo:* que se asusta con facilidad.

—¿Y te ha visto él?
—Sí.
—Claro, están los dos —exclamó Bautista.
—¿Cómo los dos? ¿Qué quieres decir con eso?
—¿Yo? Nada.
—O me lo dices, o se lo pregunto al mismo Carlos Ohando. ¿Es que está aquí Catalina?
—Sí, está aquí.
—¿En dónde?
—En el convento.
—¡Encerrada! ¿Y cómo lo sabes tú?
—Porque la he visto.
—¿La has visto? ¡Y eso querías ocultarme! Tú no eres amigo mío, Bautista.

Bautista protestó.

—¿Y ella sabe que estoy aquí?
—Sí, lo sabe.
—¿Cómo puedo verla? —dijo Zalacaín.
—Suele coser en el convento, cerca de la ventana. Por la tarde sale a pasear a la huerta.
—Bueno. Me voy. Si me ocurre algo, le diré a ese señor extranjero que vaya a avisarte. Intenta alquilar un coche para marcharnos de aquí. Lo más pronto que puedas.
—Bueno.
—Adiós.
—Adiós y prudencia.

Martín salió de la iglesia y fue hacia el convento. Paseó arriba y abajo, horas y horas, sin ver a Catalina. Al anochecer la vio asomada a una ventana. Martín levantó la mano y su novia, como si no le conociera, se retiró de la ventana. Luego, Catalina volvió a aparecer y lanzó algo a los pies de Martín. Zalacaín lo recogió. Era un papel que decía: «A las ocho podemos hablar un momento. Espera cerca de la puerta de la tapia».

Martín volvió a la posada y comió con un apetito extraordinario. A las ocho en punto estaba en la puerta de la tapia esperando. Martín oyó dos golpecitos en la puerta. Martín contestó del mismo modo.

—¿Eres tú, Martín? —preguntó Catalina en voz baja.

—Sí, soy yo. ¿No nos podemos ver?

—Imposible.

—Yo me voy a marchar de Estella. ¿Querrás venir conmigo? —preguntó Martín.

—Sí, pero ¡cómo puedo salir de aquí!

—¿Estás dispuesta a hacer todo lo que yo te diga?

—Sí. Ahora, vete. ¡Por Dios! Que no nos encuentren.

Martín se había olvidado de todos sus peligros. Marchó a su casa. Fue a la posada a ver a Bautista y le abrazó con entusiasmo.

—Pasado mañana —dijo Bautista— tenemos el coche.

Martín salió de casa de su cuñado silbando alegremente. Al llegar cerca de su posada, dos serenos se le acercaron y le mandaron callar de mala manera.

—¡Hombre! ¿No se puede silbar? —preguntó Martín.

—No, señor.

—Bueno. No silbaré.

—Y si replica usted, va usted a la cárcel.

—No replico.

—¡Hala! ¡Hala! A la cárcel.

Zalacaín vio que buscaban un pretexto* para encerrarle. Aguantó los empujones que le dieron y entró en la cárcel.

## CAPÍTULO 10

*Los acontecimientos marchan al galope*[68]

Los serenos entregaron a Martín al carcelero. Este le llevó hasta un cuarto oscuro con un banco y una cantarilla[69] para el agua.

—Demonio —exclamó Martín—, aquí hace mucho frío. ¿No hay sitio donde dormir?

—Ahí tiene usted el banco.

—¿No me podrían traer un jergón[70] y una manta para tenderme?

—Si paga usted…

—Pagaré. Que me traigan un jergón y dos mantas.

El carcelero se fue y vino poco después con un jergón y las mantas. Le dio Martín un duro, y el carcelero le preguntó:

—¿Qué ha hecho usted para que le traigan aquí?

—Nada. Venía silbando por la calle. Y me ha dicho el sereno: «No se silba». Me he callado y me han traído a la cárcel.

—¿Usted no se ha resistido?

—No.

—Entonces será por otra cosa por lo que le han encerrado.

Le dio las buenas noches el carcelero. Contestó Zalacaín amablemente y se tendió en el suelo. Cuando despertó a la mañana

---

[68] *Al galope:* muy deprisa.
[69] *Cantarilla:* recipiente pequeño para llevar agua.
[70] *Jergón:* colchón de poca calidad, hecho con paja u otro material similar.

siguiente, vio que entraba un rayo de sol por una alta ventana del cuarto. Llamó a la puerta, vino el carcelero, y le preguntó:

—¿No le han dicho a usted por qué estoy preso?

—No.

—¿De manera que me van a tener encerrado sin motivo?

—Quizá sea una equivocación —dijo el carcelero* y se fue cantando alegremente.

—¿Qué podría hacer yo? —se dijo Martín—. Pagar al alcaide exigiría mucho dinero. Llamar a Bautista es comprometerle.[71] Esperar aquí es estar preso hasta que la guerra termine... Hay que escapar, no hay más remedio.

Con esta firme decisión, comenzó a pensar un plan de fuga. Salir por la puerta era difícil. Había que escapar por la ventana. Era el único recurso.

—¿A dónde llevará esta ventana? —se dijo.

Acercó el banco a la pared, se subió a él, se agarró a los barrotes[72] y miró por entre ellos. La ventana daba a la plaza de la fuente, en donde el día anterior se había encontrado con el extranjero. Saltó al suelo y se sentó en el banco. La reja[73] era alta, pequeña, con tres barrotes.

—Arrancando uno, quizá pueda pasar —se dijo Martín—. Luego necesitaría una cuerda. La manta... la manta cortada en tiras me podía servir...

Solo tenía un cortaplumas[74] pequeño.

—Hay que ver la resistencia de la reja —murmuró.

---

[71] *Comprometerle:* ponerle en peligro.
[72] *Barrotes:* barras de hierro que forman una reja.
[73] *Reja:* estructura formada por barras o barrotes.
[74] *Cortaplumas:* cuchillo pequeño.

Volvió a subir. Los barrotes estaban sujetos por un marco de madera. El marco en un extremo estaba desgastado. Martín supuso que no sería difícil romper la madera y quitar el barrote de un lado. Sujetó el banco a la pared y subió por él. Se agarró con la mano izquierda a un barrote y con la derecha cogió el cortaplumas. Comenzó a romper la madera del marco.

Tras de una hora de rudo[75] trabajo, logró arrancar el barrote de su agujero. Luego lo volvió a poner como antes. Colocó el banco, ocultó la madera del marco de la ventana en el jergón y esperó la noche.

El carcelero le llevó la cena, y Martín le preguntó si pensaban tenerlo encerrado sin motivo alguno. El carcelero se encogió de hombros y se fue.

Cuando Martín se quedó solo, sacó el cortaplumas y comenzó a cortar las dos mantas de arriba abajo. Luego ató las tiras hasta formar una cuerda larga. Después pensó dejar un recuerdo alegre y divertido en la cárcel. Cogió la cantarilla del agua, le puso su boina y la envolvió en el trozo que quedaba de manta.

—El carcelero creerá que sigo aquí durmiendo. Si gano con esto un par de horas, me pueden servir para escaparme.

Contempló el bulto con una sonrisa. Luego subió a la reja. Ató un extremo de la cuerda a los dos barrotes y el otro extremo lo echó fuera poco a poco. Pasó el cuerpo por la ventana y bajó por la cuerda. Estaba a cuatro o cinco metros de la calle cuando oyó ruido de pasos. Se detuvo en su descenso. Se dejaban de oír los pasos cuando cayó a tierra, haciendo algún ruido. Uno de los nudos debía de haberse soltado. Se levantó.

---

[75] *Rudo:* duro, fuerte.

—No me he hecho nada —se dijo. Luego, deprisa, se dirigió por la calle de la Rua.

Iba volviéndose para mirar atrás cuando vio a la luz de un farol dos hombres armados que sin duda le seguían. No sabía qué hacer y al ver un portal abierto, entró en él y cerró suavemente la puerta. Oyó el ruido de los pasos de los hombres en la acera. Esperó a que dejaran de oírse. Cuando iba a salir, bajó una mujer vieja al zaguán[76] y cerró con llave la puerta. Martín se quedó encerrado. Volvieron a oírse los pasos.

—No se van —pensó.

Llamaron en la casa con dos golpes. Apareció de nuevo la vieja con un farol y habló con los de fuera sin abrir.

—¿Ha entrado aquí algún hombre? —preguntó uno de los perseguidores.

—Aquí no hay nadie.

—Registre usted el portal.

Martín, al oír esto, salió del portal y subió la escalera. La vieja pasó la luz del farol por todo el zaguán y dijo:

—No hay nadie, no, no hay nadie.

Martín no tuvo más remedio que ir hacia arriba y subir los escalones de dos en dos.

—Pasaremos aquí la noche —se dijo.

No había salida alguna. Lo mejor era esperar a que llegase el día siguiente y abriesen la puerta.

Serían cerca de las nueve cuando comenzó a bajar las escaleras cuidadosamente. Al pasar por el primer piso vio en un cuarto muy lujoso un uniforme de oficial carlista. Martín se desnudó con rapidez, se puso el uniforme y la boina, y se echó el capote por encima.

---

[76] *Zaguán:* primera habitación de una casa a la que se entra desde la calle.

Comenzó a bajar las escaleras y se encontró con la vieja de la noche anterior.

—¿Qué quería usted? No le había visto —dijo la vieja.

—¿Vive aquí el comandante don Carlos Ohando?

—No, señor, aquí no vive.

—¡Muchas gracias!

Martín salió a la calle y se dirigió a la posada en donde vivía Bautista.

—¡Tú! —exclamó Urbide—. ¿De dónde sales con ese uniforme? ¿Qué hiciste ayer? Estaba intranquilo.* ¿Qué pasa?

—Todo lo contaré. ¿Tienes el coche?

—Sí, pero...

—Tráetelo en seguida, lo más pronto que puedas.

Martín se sentó y escribió con lápiz en un papel: «Querida hermana. Necesito verte. Estoy herido, gravísimo. Ven inmediatamente en el coche con mi amigo Zalacaín. Tu hermano, Carlos».

Después de escribir el papel, Martín se paseó con impaciencia* por el cuarto. Cada minuto le parecía un siglo. Al fin, cerca de las doce, oyó un ruido de campanillas. Se asomó al balcón. A la puerta aguardaba un coche con cuatro caballos. El coche, viejo y destartalado,[77] tenía un cristal y uno de los faroles atado con una cuerda. Martín bajó las escaleras, abrió la puerta del coche y dijo a Bautista:

—Al convento.

Bautista, sin replicar, se dirigió hacia el sitio indicado. Cuando el coche se detuvo frente al convento, Bautista le dijo a Zalacaín:

—¿Qué disparate vas a hacer? Reflexiona.

—¿Tú sabes cuál es el camino de Logroño? —preguntó Martín.

---

[77] *Destartalado:* roto y con piezas que van a desprenderse.

—Sí.

—Pues iremos por allá.

Luego Martín se dirigió al convento.

Llamó y entró en el portal. Preguntó por la señorita de Ohando y dijo que necesitaba darle una carta. Pasó a un cuarto y se encontró allí con Catalina y una monja* gruesa, que era la superiora.[78] Las saludó y preguntó:

—¿La señorita de Ohando?

—Soy yo.

—Traigo una carta para usted de su hermano.

Catalina palideció[79] y le temblaron las manos de la emoción. La superiora, una mujer gruesa, pálida, con los ojos grandes y oscuros como dos manchas negras, preguntó:

—¿Qué pasa? ¿Qué dice ese papel?

—Dice que mi hermano está grave... Que vaya —balbuceó Catalina.

—¿Está tan grave? —preguntó la superiora a Martín.

—Sí, creo que sí.

—¿En dónde se encuentra?

En una casa de la carretera de Logroño —dijo Martín.

—Bueno. Vamos —dijo la superiora—. Que venga también el señor sacristán.

Martín no se opuso. Al salir los cuatro para subir al coche, los vio Bautista desde el pescante[80] e hizo un gesto de asombro. El sacristán montó junto a él.

—Vamos —dijo Martín a Bautista.

---

[78] *Superiora:* monja que tiene la máxima autoridad en un convento.
[79] *Palideció:* perdió el color en la cara hasta parecer blanca.
[80] *Pescante:* en los coches de caballos, asiento delantero exterior.

El coche marchó. Recorrió la calle Mayor, atravesó el puente y tomó la carretera de Logroño. El coche iba al trote lento de los caballos. Lloviznaba, la noche estaba negra, no brillaba ni una estrella en el cielo. Se pasó una aldea, luego otra.

—¡Qué lentitud! —exclamó la monja—. ¿Pero qué pasa? ¿No llegamos todavía?

—Pasa, señora —contestó Zalacaín—, que tenemos que seguir adelante.

—¿Y por qué?

—Es un secreto.

—Pues hagan el favor de parar el coche, porque voy a bajar.

—Si quiere usted bajar sola, puede usted hacerlo.

—No, iré con Catalina.

—Imposible.

La superiora lanzó una mirada furiosa a Catalina, y al ver que bajaba los ojos, exclamó:

—¡Ah! Ustedes se conocen.

—Sí —contestó Martín—. Esta señorita es mi novia y no quiere estar en el convento, sino casarse conmigo.

—No es verdad, yo lo impediré.

—Usted no lo impedirá porque no podrá impedirlo.

La superiora se calló. Siguió el coche su marcha pesada y monótona* por la carretera. Era ya medianoche cuando llegaron a una venta. Detuvo Bautista los caballos y saltó del pescante.

—Tú —le dijo a Zalacaín en vascuence—, tenemos un caballo herido. Si puedes cambiar los dos, sería mejor.

—Voy a ver. Cuidado con el sacristán y con la monja, que no salgan.

Se encontró con una muchacha redondita, muy bonita y de muy mal humor. Le dijo Martín lo que necesitaba, y ella replicó que era imposible porque el amo estaba dormido.

—Ayúdeme usted, no tenga usted mal genio[81] —le dijo Martín a la muchacha tomándole la mano y dándole un duro—. Me juego[82] la vida en esto.

La muchacha guardó el duro y ella misma sacó dos caballos de la cuadra. Martín pagó el dinero para el posadero y acordaron el sitio en donde tenía que dejar los caballos en Logroño. Entre Bautista, Martín y la moza reemplazaron todos los caballos. Martín acompañó a la muchacha, y cuando estuvo sola la estrechó por la cintura y la besó en la mejilla.

—¡También usted es pesado! —exclamó ella—. ¿Quién lleva usted en el coche?

—Unas viejas.

—¿Volverá usted por aquí?

—En cuanto pueda.

—Pues, adiós.

—Adiós, hermosa. Oiga usted. Si le preguntan por dónde hemos ido, diga usted que nos hemos quedado aquí.

—Bueno, así lo haré.

Al llegar con el coche cerca de Sansol, cuatro hombres se plantaron en el camino.

—¡Alto! —gritó uno de ellos que llevaba un farol.

Martín saltó del coche y sacó la espada.

—¿Quién es? —preguntó.

—Carlistas —dijeron ellos.

---

[81] *Mal genio:* mal carácter, enfado.
[82] *Me juego:* arriesgo.

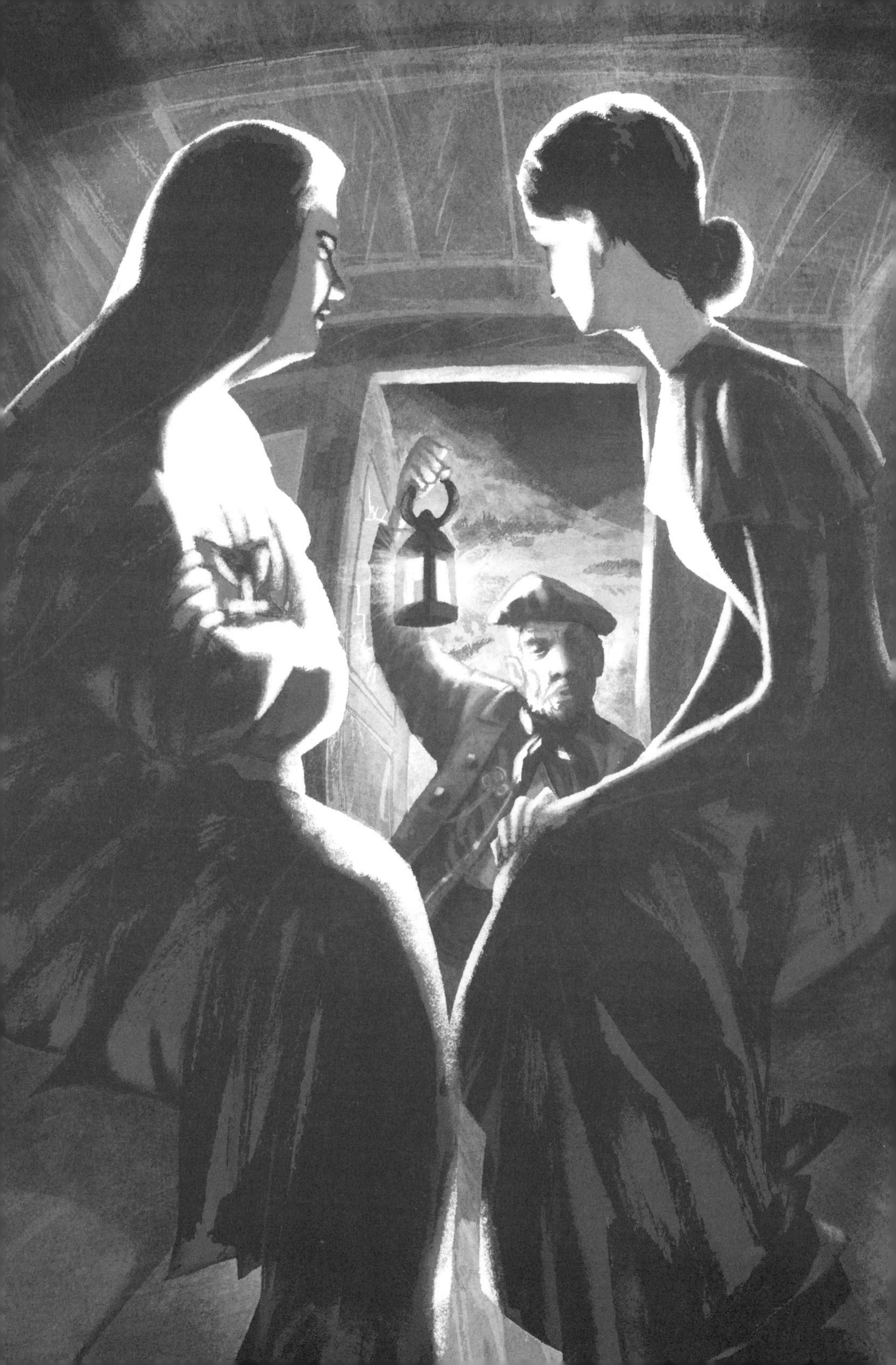

—¿Qué quieren?

—Ver si tienen ustedes pasaporte.

Martín sacó el salvoconducto y lo enseñó. Un viejo, de aire respetable, tomó el papel y se puso a leerlo.

—¿No ve usted que soy oficial? —preguntó Martín.

—No importa —replicó el viejo—. ¿Quién va adentro?

—Dos monjas que marchan a Logroño.

—¿No saben ustedes que en Viana están los liberales? —preguntó el viejo.

—No importa, pasaremos.

—Vamos a ver a esas señoras —murmuró el viejo.

—¡Eh, Bautista! Ten cuidado —dijo Martín en vasco.

Descendió Urbide del pescante. El viejo abrió la puerta del coche y echó la luz del farol al rostro de las viajeras.

—¿Quiénes son ustedes? —preguntó la superiora.

—Somos voluntarios de Carlos VII.

—Entonces que nos ayuden. Estos hombres nos llevan secuestradas.

Decía esto cuando Martín dio una patada al farol que llevaba el viejo. Después empujó al viejo fuera de la carretera. Bautista arrancó el fusil a otro.

Dos hombres atacaron a Zalacaín. Uno de los voluntarios le dio un bayonetazo en el hombro izquierdo. Martín, furioso por el dolor, le atravesó con la espada.

La patrulla[83] huía.

—¿Estás herido? —preguntó Bautista a su cuñado.

---

[83] *Patrulla:* grupo de soldados o personas armadas que vigilan o mantienen el orden en un lugar.

—Sí, pero creo que no es nada. Vámonos. Vamos, ¡adentro! —dijo Martín al sacristán.

El coche era llevado al galope por los caballos. Estaba cayendo un chaparrón[84] que llenaba la carretera de barro.

—Habrá que ir más despacio —dijo Martín.

Efectivamente, comenzaron a marchar más despacio. Al cabo de un cuarto de hora se oyó a lo lejos un galope de caballos. Martín se asomó a la ventana. Indudablemente los perseguían.

—¡Alto! ¡Alto! —se oyó gritar.

Bautista dio a los caballos con el látigo y el coche tomó una velocidad vertiginosa.* Al llegar a las curvas, el viejo coche se torcía* y parecía que iba a hacerse pedazos.[85] La superiora y Catalina rezaban, el sacristán gemía.

—¡Alto! ¡Alto! —gritaron de nuevo.

—¡Adelante, Bautista! ¡Adelante! —dijo Martín, sacando la cabeza por la ventanilla.

En aquel momento sonó un tiro. Los perseguidores* dispararon al coche y lo atravesaron con las balas. Entonces, Martín cargó el fusil y, sacando el cuerpo por la ventanilla, comenzó a hacer disparos. La noche estaba negra y ni Martín ni los perseguidores tenían puntería. Bautista, en el pescante, llevaba los caballos al galope. Ninguno de los animales estaba herido, la cosa iba bien. Al amanecer cesó la persecución. Ya no se veía a nadie en la carretera.

—Creo que podemos parar —gritó Bautista—. ¿Paramos?

—Sí, para —dijo Martín—. No se ve a nadie.

El sacristán rezaba y gemía en el coche. Zalacaín le hizo salir de dentro a empujones.

---

[84] *Chaparrón:* lluvia fuerte y abundante.
[85] *Hacerse pedazos:* romperse en piezas.

—Anda, al pescante —le dijo—. ¿Es que tú no tienes sangre en las venas, sacristán de los demonios?

—Yo soy pacífico y no me gusta hacer daño a nadie —contestó refunfuñando.

—¿No serás tú una monja disfrazada?

—No, soy un hombre, un pobre hombre.

—Eso no impedirá que te metan unas balas en esa grasa fría que forma tu cuerpo.

—¡Qué horror!

—Por eso debes comprender que cuando uno tiene que morir o matar, no puede andarse con tonterías[86] ni con rezos.

Las palabras rudas de Martín animaron un poco al sacristán. Bautista subió al pescante y le dijo Martín:

—¿Quieres que guíe yo ahora?

—No, no. Yo voy bien. Y tú, ¿cómo tienes la herida?

—No debe de ser nada.

Martín abrió la puerta y, al sentarse, dijo a la superiora:

—Respecto a usted, señora, si vuelve a gritar, la ataré a un árbol y la dejaré en la carretera.

Catalina, asustadísima, lloraba.

Comenzó el coche a marchar despacio, pero, al poco tiempo, volvió a oírse un galope de caballos. Ya no quedaban municiones, los caballos del coche estaban cansados.

—Vamos, Bautista, un esfuerzo —gritó Martín, sacando la cabeza por la ventanilla—. ¡Así!

Bautista gritaba y levantaba el látigo. El coche iba rápidamente y pronto dejó de oírse detrás el ruido de los caballos.

---

[86] *No andarse con tonterías:* no perder el tiempo y hacer las cosas que son importantes o urgentes.

Ya estaba amaneciendo. Nubarrones[87] de plomo eran impulsados por el viento. En el fondo del cielo rojizo y triste aparecía Viana. Al acercarse, el coche tropezó con una piedra y se soltó una de las ruedas. El coche se inclinó y cayó a tierra. Todos los viajeros cayeron en el barro. Martín se levantó primero y tomó en brazos[88] a Catalina.

—¿Tienes algo? —le dijo.

—No, creo que no —contestó ella, gimiendo.

La superiora se había dado un golpe en la frente.

—No hay daños importantes —dijo Martín—. ¡Adelante!

Los viajeros formaban un coro de quejas y de lamentos.

—Montaremos a caballo —dijo Bautista.

—Yo no. Yo no me muevo de aquí —replicó la superiora.

La llegada del coche y su caída no habían pasado inadvertidos.* Pocos momentos después venía desde Viana media compañía de soldados.

—¡Alto! —gritó el sargento—. ¿Quién vive?

—España.

—Daos prisioneros.

—No nos resistimos.

El sargento quedó asombrado al ver a un militar carlista, a dos monjas y a sus acompañantes llenos de barro. Todos juntos llegaron a Viana. Un teniente que apareció en la carretera preguntó:

—¿Qué hay, sargento?

—Traemos prisioneros a un general carlista y a dos monjas.

Martín se preguntó por qué el sargento le llamaba general carlista. Comprendió que el uniforme, cogido por él en Estella, era de un general.

---

[87] *Nubarrones:* nubes grandes y oscuras que indicaban que iba a llover.
[88] *Tomó en brazos:* levantó con sus brazos.

# CAPÍTULO 11

*Cómo llegaron a Logroño y lo que les ocurrió*

Hicieron entrar a todos en el cuartel. Martín fue tratado con mucha consideración por su uniforme. Pidió al oficial que dejara a Catalina estar a su lado.

—¿Es la señora de usted?

—Sí, es mi mujer.

El oficial accedió y llevó a los dos a un cuarto destartalado que servía para los oficiales.

Al mediodía llegó un coronel y dio a Martín un saludo militar. Martín le contó sus aventuras, pero el coronel al oírlas arrugó las cejas.

—Irán ustedes a Logroño y allí veremos si pueden identificarse.

Después de comer trajeron los caballos del coche y con toda la compañía tomaron el camino de Logroño.

En Logroño pararon en el cuartel. Martín fue a ver al general y le contó sus aventuras. El general le dijo:

—Si yo tuviera la seguridad de que lo que me dice usted es cierto, inmediatamente los dejaría libres.

—¿Y yo cómo voy a probar la verdad de mis palabras?

—¡Si pudiera usted identificarse! ¿No conoce usted aquí a nadie? ¿Algún comerciante?

—No.

—Es lástima.

—Sí, sí, conozco a una persona —dijo de pronto Martín—, conozco a la señora de Briones y a su hija.

—¿Y al capitán Briones, también lo conocerá usted?

—También.

—Pues lo voy a llamar, dentro de un momento estará aquí.

Media hora después estaba el capitán Briones, que reconoció a Martín. El general los dejó a todos libres.

Martín, Catalina y Bautista iban a marcharse juntos, a pesar de la oposición de la superiora. Entonces el capitán Briones dijo:

—Amigo Zalacaín, mi madre y mi hermana exigen que vaya usted a comer con ellas.

Martín explicó a su novia como no le era posible rechazar la invitación.

La casa de la señora de Briones estaba en una calle céntrica,[89] con soportales.[90] Rosita y su madre recibieron a Martín con grandes gestos de amistad. Madre e hija le preguntaron un sinfín de cosas, y Martín tuvo que contar sus aventuras.

Después de comer vinieron unas señoritas amigas de Rosa Briones. Se habló y se cantó. Martín pensaba: ¿Qué hará Catalina? Pero luego se olvidaba con la conversación.

Doña Pepita dijo que su hija había aprendido la guitarra y animó a Rosita para que cantara.

—Sí, canta —dijeron las demás muchachas.

—Sí, cante usted —añadió Zalacaín.

---

[89] *Céntrica:* del centro de la ciudad.
[90] *Soportal:* espacio cubierto, formado por columnas, que rodea una plaza.

Rosita sacó la guitarra y cantó algunas canciones. Al cantar, miraba a Martín con los ojos brillantes y negros, y él se olvidó de que le esperaba Catalina.

Cuando salió de casa de la señora de Briones, eran cerca de las once de la noche. Al encontrarse en la calle comprendió su falta brutal de atención. Fue a buscar a su novia, preguntando en los hoteles. La mayoría estaban cerrados. Bautista tampoco aparecía.

Sin saber qué hacer, volvió Martín a los soportales y se puso a pasear por ellos.

—Si no fuera por Catalina —pensó— era capaz de quedarme aquí para ver si Rosita Briones me quiere, como parece.

De pronto, un hombre, con aspecto de criado, se paró ante él y le dijo:

—¿Es usted don Martín Zalacaín?

—El mismo.

—¿Quiere usted venir conmigo? Mi señora quiere hablarle. Me ha encargado que le diga que es una amiga de su infancia.

—No es posible —pensó Zalacaín—. ¿Habré conocido en mi infancia a alguien que tenga criados?

—En fin, vamos a ver a mi amiga —dijo en voz alta.

El criado lo llevó a una casa grande. Empujó la puerta y entró en un zaguán elegante, iluminado por un gran farol.

—Debe haber una equivocación —pensó Martín—. No es posible otra cosa.

Subieron la escalera, el criado levantó una cortina y pasó Zalacaín. Sentada en un sofá, había una mujer desconocida. Era una mujer pequeña, delgada, rubia, elegantísima.

—Perdone usted, señora —dijo Martín—, creo que debe haber una equivocación…

—Yo creo que no —contestó ella riendo.

—Martín —dijo la dama, levantándose y poniéndole las manos pequeñas en sus hombros—. ¿No te acuerdas de mí?

—No, la verdad.

—Soy Linda. Linda, la que estuvo en Urbía cuando fue el domador y murió tu madre. ¿No te acuerdas?

—¿Usted es Linda?

—¡Oh, no me hables de usted! Sí, yo soy Linda. He sabido cómo habías venido a Logroño y he mandado que te buscaran.

—¿De manera que tú eres aquella chiquilla que jugaba con el oso?

—Habla, cuenta de tu vida. Tú no sabes la gana que tenía de verte. Eres el único hombre por quien me han pegado.

—¡Qué extraño! ¡Hace tanto tiempo de esto! Y somos jóvenes los dos.

—¡Cuenta! ¡Cuenta! ¿Qué has hecho por el mundo?

Martín, emocionado,* habló de su vida y de sus aventuras. Luego, Linda contó las suyas. Un señor rico la sacó del circo y le dio su protección. Ahora este señor, con grandes posesiones en la Rioja, quería casarse con ella.

—¿Y tú te vas a casar? —le preguntó Martín.

—Claro. Pero estás pálido. ¿Qué te pasa?

Martín sentía un gran cansancio y le dolía el hombro. Linda, al saber que estaba herido, le obligó a quedarse allí. Afortunadamente la herida no era grave.

Al día siguiente, Linda no le dejó salir. Estaba dominado por ella, por su suave encanto.

—Que le avisen a mi cuñado donde estoy —dijo Martín varias veces a Linda.

Esta envió un criado a los hoteles, pero en ninguno daban noticias ni de Bautista ni de Catalina.

## CAPÍTULO 12

*Zalacaín y Bautista Urbide tomaron los dos solos
la ciudad de Laguardia ocupada por los carlistas*

Martín pensó varias veces que se estaba portando como un canalla. Pero Linda ¡era tan encantadora!* Le había hecho olvidar a Catalina. Muchos días pensaba en su barbarie, pero no se decidía a marcharse. Decidió en su interior que la culpa de todo era de Bautista y esta decisión le tranquilizó.

—¿Dónde se ha metido ese hombre? —se preguntaba.

Una semana después, al pasar por los soportales, se encontró con Bautista. Venía hacia él, indiferente y tranquilo, como de costumbre.

—Pero, ¿dónde estás? —exclamó Martín.

—Eso te pregunto yo: ¿dónde estás? —contestó Bautista.

—¿Y Catalina?

—¡Qué sé yo! Yo creí que tú sabrías dónde estaba y que os habíais marchado los dos sin decirme nada.

—¿Cuándo hablaste tú con ella por última vez?

—El mismo día de llegar aquí, hace ocho días. Cuando tú te fuiste a comer a casa de la señora de Briones, Catalina, la monja y yo nos fuimos a la posada. Pasó el tiempo, pasó el tiempo y tú no venías. «¿Pero dónde está?», preguntaba Catalina. «¿Qué sé yo?», le decía. A la una de la mañana yo me fui a la cama. Me dormí y me desperté muy tarde. Me encontré con que la monja y Catalina se habían marchado y tú no habías venido. Creí que os habíais marchado y me fui a Bayona y dejé las letras en casa de Levi-Álvarez. Luego tu hermana empezó a decirme: «¿Pero dónde estará Martín? ¿Le ha pasado algo?». Escribí a Briones y me contestó que estabas aquí escandalizando* el pueblo. Por eso he venido.

—Sí, la verdad es que yo tengo la culpa —dijo Martín—. ¿Pero dónde puede estar Catalina? ¿Habrá seguido a la monja?

—Es lo más probable.

Martín, al encontrarse con Bautista y hablar con él, se sintió fuera de la influencia de Linda. Comenzó a hacer indagaciones* con una actividad extraordinaria. Una de las dos viajeras se había marchado por la estación. La otra, la monja, había marchado en un coche hacia Laguardia. Martín y Bautista supusieron que la monja convenció a Catalina de que volviera con ella al convento.

Se dedicaron a seguir la pista de la monja. Averiguaron en una venta que días antes un coche con la monja intentó pasar a Laguardia.

Desde el camino de Yécora se veía Laguardia rodeada de su muralla. En Laguardia no se veían ni tejados ni campanarios.[91] No parecía un pueblo sino más bien una fortaleza. Un hombre flaco y destrozado les salió al encuentro. Habló con ellos y les contó que los carlistas iban a abandonar Laguardia un día u otro. Le preguntó Martín si era posible entrar en la ciudad.

—Por la puerta es imposible —dijo el hombre—, pero yo he entrado subiendo por unos agujeros que hay en el muro.

—¿Pero y los centinelas?

—Muchas veces no hay.

---

[91] *Campanarios:* torres de las iglesias donde están las campanas.

Bajaron Martín y Bautista por una senda a la carretera y llegaron al sitio donde estaba el ejército liberal. Las tropas del capitán Briones se encontraban cerca de la ciudad. Martín preguntó por él y lo encontró. Briones presentó a Zalacaín y a Bautista a algunos de sus compañeros. Por la noche jugaron a las cartas y bebieron. Ganó Martín, y un compañero de Briones, un teniente aragonés que había perdido toda su paga,* comenzó a hablar mal de los vascongados para vengarse. Zalacaín y él comenzaron una estúpida discusión de amor propio[92] regional, de esas tan frecuentes en España. Martín acabó la discusión diciendo que aquella misma noche entrarían él y su cuñado Bautista en la ciudad sitiada.[93] Briones, que le conocía, trató de disuadirle,[94] pero Zalacaín dijo:

—¿Ven ustedes este pañuelo blanco? Mañana al amanecer lo verán ustedes en este palo flotando sobre Laguardia. ¿Habrá por aquí una cuerda?

Uno de los oficiales jóvenes trajo una cuerda y Martín y su cuñado, sin hacer caso de las palabras de Briones, se marcharon por la carretera. El frío de la noche les dio serenidad, y Martín y su cuñado se miraron algo extrañados.

—¿Qué? ¿Vamos a ir? —preguntó Bautista.

—Lo intentaremos.

Se acercaron a Laguardia. Dejaron a un lado el cementerio y llegaron a un paseo con árboles que rodea el pueblo. Se encontraban en el sitio indicado por el hombre de Yécora. Efectivamente, distinguieron los agujeros en el muro que servía de escalera. Los de abajo estaban tapados.*

---

[92] *Amor propio:* orgullo, aquí, el amor que cada uno siente por su región.
[93] *Sitiada:* rodeada por el ejército enemigo.
[94] *Disuadirle:* convencerle para que no haga algo.

—Podríamos abrir estos agujeros —dijo Bautista.

—¡Hum! Tardaríamos mucho —contestó Martín—. Súbete encima de mí a ver si llegas. Toma la cuerda.

Bautista subió sobre los hombros de Martín y vio que se podía subir sin dificultad. Escaló la muralla y asomó la cabeza. Viendo que no había vigilancia, saltó encima.

—¿Nadie? —dijo Martín.

—Nadie.

Sujetó Bautista la cuerda con un lazo y subió Martín con el palo entre los dientes. Se deslizaron los dos por la muralla, hasta llegar a una calle. Ni guardia, ni centinela, no se veía ni se oía nada. El pueblo parecía muerto.

—¿Qué pasará aquí? —se dijo Martín.

Se acercaron al otro extremo de la ciudad. El mismo silencio. Nadie. Indudablemente, los carlistas habían huido de Laguardia. Avanzaron con confianza por el pueblo. En frente del cementerio sujetaron entre dos piedras el palo y ataron en su punta el pañuelo blanco. Hecho esto, volvieron deprisa al lugar por donde habían subido. La cuerda seguía en el mismo sitio. Amanecía. Desde allá arriba se veía una enorme extensión de campo.

—Bueno, baja —dijo Martín—. Yo sujetaré la cuerda.

—No, baja tú —replicó Bautista.

—¿Quién vive? —gritó una voz en aquel mismo momento.

Ninguno de los dos contestó. Bautista comenzó a bajar despacio. Martín se tendió en la muralla.

—¿Quién vive? —volvió a gritar el centinela.

Sonó un disparo y una bala pasó por encima de la cabeza de Martín. Afortunadamente, el centinela estaba lejos.

Echaron los dos a correr. Sonaron varios tiros. Ambos llegaron ilesos[95] al cementerio. Ya fuera de peligro, miraron hacia atrás. El pañuelo seguía en la muralla moviéndose al viento. Briones y sus amigos recibieron a Martín y a Bautista como a héroes.

Al día siguiente, los carlistas abandonaron Laguardia y se refugiaron en Peñacerrada. El ejército liberal entraba en la ciudad. Martín y Bautista preguntaron en todas las casas, pero no encontraron a Catalina.

---

[95] *Ilesos:* sin ninguna herida.

# LIBRO TERCERO

## LAS ÚLTIMAS AVENTURAS

# CAPÍTULO 1

*Los recién casados están contentos*

Catalina no fue inflexible.[1] Pocos días después, Martín recibió una carta de su hermana. Decía la Ignacia que Catalina estaba en su casa, en Zaro, desde hacía algunos días. Al principio no quería oír hablar de Martín, pero ahora le perdonaba y le esperaba. Martín y Bautista se presentaron en Zaro inmediatamente y los novios se reconciliaron.

Se preparó la boda y se celebró en la iglesia de Zaro. La fiesta fue en la casa de Bautista. Hacía todavía frío. Los aldeanos amigos se reunieron en la cocina de la casa, que era grande, hermosa y limpia. Alrededor de la enorme chimenea redonda los invitados cantaron y bebieron hasta la noche.

Tras la luna de miel,[2] Martín volvió a las andadas.[3] No paraba, iba y venía de España a Francia, sin descansar. Catalina deseaba que acabara la guerra e intentaba retener a Martín a su lado.

—Pero, ¿qué quieres más? —le decía—. ¿No tienes ya bastante dinero? ¿Para qué estar en peligro de nuevo?

—Si no lo estoy —replicaba Martín.

---

[1] *Inflexible:* aquí, que no quiere cambiar de opinión.
[2] *Luna de miel:* periodo de tiempo inmediatamente posterior a la boda.
[3] *Volvió a las andadas:* hacer algo que se había dejado de hacer.

Pero no era verdad. Tenía ambición, amor al peligro y una confianza ciega en su suerte.

Martín y Bautista dejaban solas a las dos mujeres y se iban a España. Al año de casada, Catalina tuvo un hijo. Lo llamaron José Miguel, como le pidió el viejo Tellagorri.

## CAPÍTULO 2

### *Se inicia la «Deshecha»*[4]

Con la proclamación* de la monarquía en España y de Alfonso XII como rey, comenzó el fin de los carlistas. Los generales de Alfonso encontraban que era una estupidez continuar la guerra durante más tiempo. Habían matado la República, que merecía la muerte, y el nuevo gobierno les miraba como vencedores y héroes. ¡Qué más podían desear!

En el campo carlista comenzaba la *Deshecha*. Ya se podía andar por las carreteras sin peligro. La única arma que se manejaba de verdad era el dinero.

Una mañana de invierno Martín vio que no era difícil recorrer los caminos. Tomó su cochecito y se dirigió hacia Urbía. Todos los cuarteles permanecían silenciosos, las trincheras carlistas mudas. La nieve cubría el campo bajo el cielo gris.

Antes de llegar a Urbía, a un lado y a otro, se veían casas de campo destrozadas, fachadas con las ventanas cubiertas de paja, árboles con las ramas rotas.

Martín entró en Urbía. La casa de Catalina estaba destrozada, con las puertas y ventanas cerradas. En la huerta abandonada, las

---

[4] *Deshecha:* huida general de los carlistas, fin de la guerra en febrero de 1876.

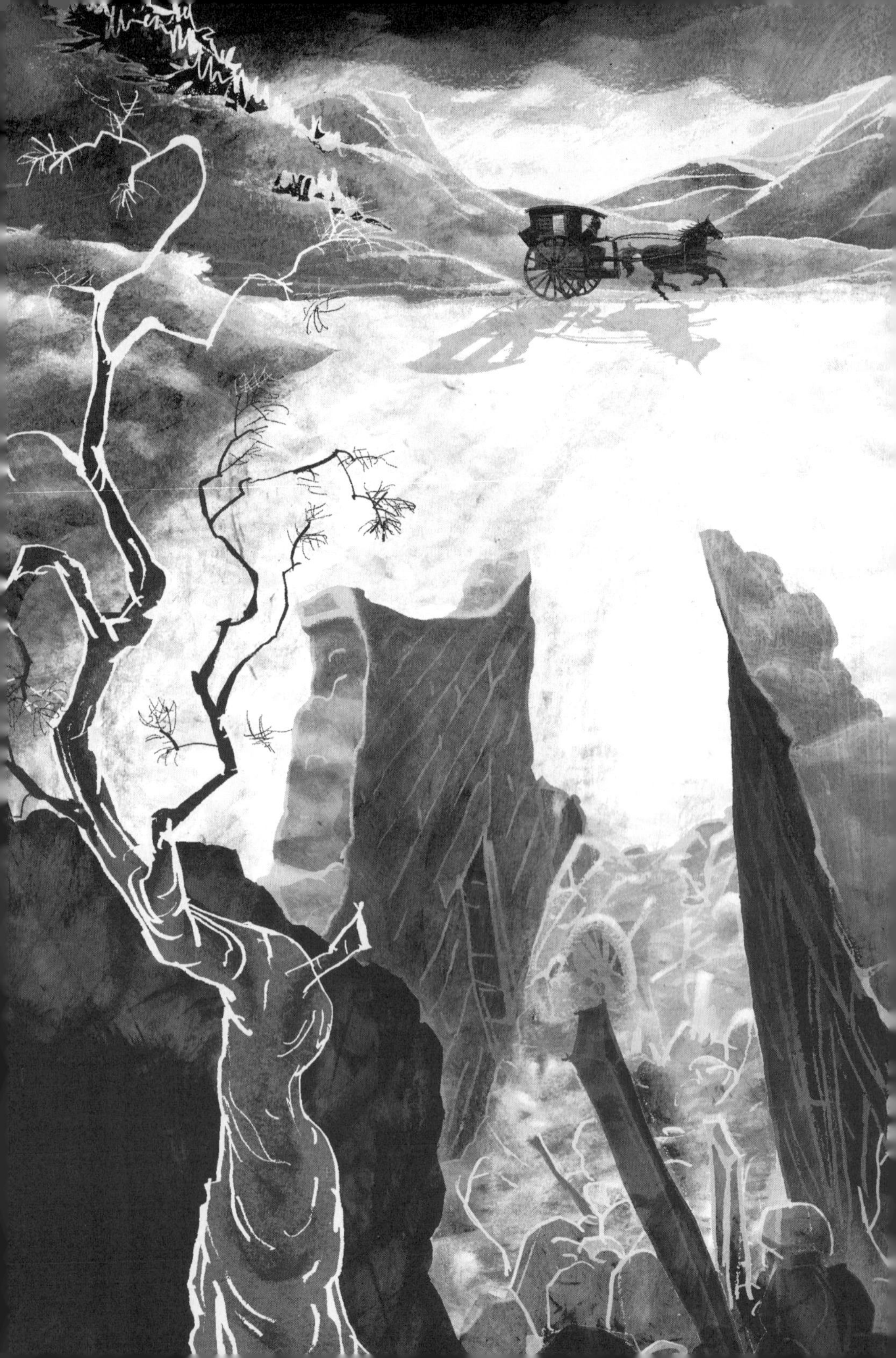

lilas mostraban sus ramas rotas. Los rosales,⁵ antes tan hermosos, se veían marchitos.*

Subió Martín por su calle a ver la casa en donde nació. La escuela estaba cerrada. Por los cristales se veían los carteles con letras grandes y los mapas colgados de las paredes.

Entró Martín en el caserío Zalacaín. El tejado no existía, solo quedaba un rincón de la antigua cocina con techo. Bajo este techo había un hombre sentado escribiendo y un chiquillo que cuidaba el fuego.

—¿Quién vive aquí? —preguntó Martín.

—Aquí vivo yo —contestó una voz.

Martín quedó atónito.⁶ Era el extranjero. Al verse se estrecharon las manos con afecto.*

—¡Cuánto se habló de usted en Estella! —dijo el extranjero—. ¡Qué hecho más admirable! ¿Cómo se escaparon ustedes?

Martín contó la historia de su fuga, y el periodista fue tomando notas. Luego hablaron de la guerra.

—¡Pobre país! —dijo el extranjero—. ¡Cuánta brutalidad!⁷ ¿Se acuerda usted del pobre Haussonville que conocimos en Estella?

—Sí.

—Murió fusilado.

—Si esto sigue así no vamos a quedar nadie.

—Afortunadamente ya ha comenzado la *Deshecha* como dicen los aldeanos —contestó el extranjero—. ¿Y usted a qué ha venido aquí?

---

⁵ *Rosales:* plantas en las que crecen las rosas.
⁶ *Atónito:* muy sorprendido.
⁷ *Brutalidad:* violencia, salvajismo.

Martín dijo que él era de Urbía, así como su mujer. Contó sus aventuras desde el tiempo en que había dejado de ver al extranjero. Comieron juntos y por la tarde se despidieron.

—Todavía creo que nos volveremos a ver —dijo el extranjero.

—Quién sabe. Es muy posible.

## CAPÍTULO 3

*Martín comienza a trabajar por la gloria*

En la época de nieve, un general[8] que venía de muy lejos intentó envolver a los carlistas por el lado del Pirineo. Salió de Pamplona y después de dos días y tres noches llegó al Baztán.

Martín y Bautista trabajaban con una casa de Bayona y fueron a Añoa, en la frontera con España, con sus carros y sus mujeres. Llevaban zapatos, pan, paja para las camas, barriles de vino y de aguardiente* para las tropas. Se quedaron en la venta. Catalina quería ver si obtenía noticias de su hermano. En la venta preguntaron a un muchacho que antes era carlista, pero no supo decirles nada de Carlos Ohando.

Se encontraban a la puerta de la venta Martín y Bautista cuando pasó Briones, el hermano de Rosita. Vestía uniforme de comandante. Saludó con afecto a Martín y le dijo:

—He hablado mucho de usted a mi general.

—¿Sí?

—Ya lo creo. Tendría mucho gusto en conocerle a usted. Le he contado sus aventuras. ¿Quiere usted venir a saludarle?

—¿Dónde está el general?

---

[8] Se refiere al general Martínez Campos, quien intentó impedir la huida de los carlistas a Francia en febrero de 1876.

—En Elizondo. ¿Viene usted?

—Vamos.

Advirtió Martín a su mujer que se marchaba a Elizondo. Montaron Briones y Zalacaín a caballo y fueron a esta villa, centro del valle del Baztán. El general se encontraba en un palacio de la plaza. Estaba sentado a una mesa donde tenía planos y papeles, fumaba un cigarro puro y discutía con varias personas.

Presentó Briones a Martín, y el general, después de estrecharle la mano, le dijo:

—Me ha contado Briones sus aventuras. Le felicito a usted.

—Muchas gracias, mi general.

—¿Conoce usted toda esta zona del valle del Baztán?

—Sí, como mi propia mano.

—¿Conoce los caminos y las sendas?

—No hay más que sendas.

—¿Hay sendero para subir a Peñaplata?

—Lo hay.

—¿Pueden subir caballos?

—Sí, fácilmente.

El general discutió con Briones. Su proyecto de cerrar la frontera e impedir la retirada a Francia del ejército carlista era imposible.

—¿Qué ideas políticas tiene? —preguntó el general a Martín.

—Yo he trabajado para los carlistas, pero en el fondo creo que soy liberal.

—¿Querría usted servir de guía a las tropas que subirán mañana a Peñaplata?

—No tengo inconveniente.

El general se levantó de la silla en donde estaba sentado y se acercó con Zalacaín a uno de los balcones.

—Creo —le dijo— que actualmente soy el hombre de más influencia de España. ¿Qué quiere usted ser?

—Actualmente soy casi rico; mi mujer lo es también...

—¿De dónde es usted?

—De Urbía.

—¿Quiere usted que le nombremos alcalde de allá?

Martín reflexionó.

—Sí, eso me gusta —dijo.

—Pues hecho. Mañana por la mañana hay que estar aquí.

—Yo les esperaré en la carretera.

Martín volvió a Añoa para tranquilizar a su mujer. Contó a Bautista su conversación con el general. Bautista se lo dijo a su mujer y esta a Catalina. A medianoche, Martín iba a montar a caballo cuando se presentó Catalina con su hijo en brazos.

—¡Martín! ¡Martín! —le dijo sollozando—. Me han dicho que te vas con el ejército a subir a Peñaplata.

—Es verdad. ¿Y eso te asusta?

—No vayas. Te van a matar. ¡Por nuestro hijo! ¡Por mí!

—¡Bah, tonterías! ¿Qué miedo puedes tener? Si he estado otras veces solo, ¿qué me va a pasar con tanta gente?

—Sí, pero ahora no vayas, Martín. La guerra se va a acabar en seguida. Que no te pase algo al final.

—He dado mi palabra.[9] Tengo que ir. Tranquila.

—¡Oh, Martín! —sollozó Catalina—. Tú eres todo para mí. Yo no tengo padre, ni madre, ni tengo hermano, porque su cariño te lo he dado a ti y a tu hijo. No me dejes viuda, Martín. Por tu hijo...

—Sí, por mi hijo también... No quiero que puedan decir: «Este es el hijo de Zalacaín, que dio su palabra y no la cumplió por miedo».

---

[9] *He dado mi palabra:* lo he prometido.

No, si dicen algo, que digan: «Este es Miguel Zalacaín, el hijo de Martín Zalacaín, tan valiente como su padre… No. Más valiente que su padre».

Y Martín, con sus palabras, animó a su mujer. Acarició al niño, que le miraba sonriendo, y abrazó a la madre. Montó a caballo y desapareció por el camino de Elizondo.

## CAPÍTULO 4

*La batalla cerca del monte Aquelarre*

Martín subió un poco por la carretera y vio que venía la tropa. Se reunió con Briones y ambos se pusieron los primeros.

Al llegar a Zugarramurdi, comenzaba a clarear. Martín tomó el sendero que rodea un torrente.\* Un barro húmedo cubría el camino, por el cual los caballos y los hombres se resbalaban.\* Mientras marchaban Martín y Briones a caballo, fueron hablando. Martín felicitó a Briones por sus ascensos.

—Pero usted, amigo Zalacaín —dijo el comandante—, es el que avanza con rapidez. Si sigue así, va usted a llegar donde quiera.

—¿Creerá usted que yo ya no tengo casi ambición?

—¿No?

—No. Sin duda, eran los obstáculos los que me daban antes fuerza. Ahora no tengo obstáculos, y ya no sé qué hacer. Voy a tener que inventarme otras ocupaciones.

—Es usted la inquietud en persona, Martín —dijo Briones.

—¿Qué quiere usted? He crecido salvaje como las hierbas y necesito la acción, la acción continua.

—La verdad es que es usted un hombre pintoresco,[10] amigo Zalacaín.

---

[10] *Pintoresco:* interesante, curioso.

—Pero la mayoría de los hombres son como yo.

—Oh, no. La mayoría somos gente tranquila, pacífica, un poco muerta.

—Pues yo estoy vivo. Sabe usted, yo quisiera que todo viviese, empujar todo al movimiento: hombres, mujeres, negocios, máquinas, minas, nada quieto, nada inmóvil...

—Extrañas ideas —murmuró Briones.

Concluía el camino y comenzaban las sendas a dividirse. Martín avisó a Briones para que sus tropas estuviesen preparadas. Al final de estas sendas se encontrarían en terreno descubierto y sin árboles.

—Mientras unos van por aquí —dijo Martín a Briones—, otros pueden subir por el lado opuesto. Hay allá arriba una explanada grande. Si los carlistas se esconden entre las rocas va a haber muchas muertes.

Briones contó al general lo que había dicho Martín. El general ordenó que la mitad de los soldados fuera por el lado indicado por el guía. Zalacaín y Briones bajaron de sus caballos y tomaron una senda. Durante un par de horas fueron rodeando el monte.

Al acercarse al sitio indicado por Martín, oyeron una voz que cantaba. Sorprendidos, fueron despacio.

—No serán las brujas —dijo Martín.

—¿Por qué las brujas? —preguntó Briones.

—¿No sabe usted que estos son los montes de las brujas? Aquel es el monte Aquelarre —contestó Martín.

—¿El Aquelarre? ¿Pero existe?

—Sí.

—¿Y qué quiere decir en vascuence, ese nombre?

—¿Aquelarre?... Quiere decir Prado del macho cabrío.

—¿El macho cabrío será el demonio?

—Probablemente.

La canción no la cantaban las brujas. La cantaba un muchacho que en compañía de diez o doce se calentaba alrededor de una hoguera.

No habían comenzado a oírse los primeros tiros y Briones y su gente esperaron tendidos entre los matorrales. Martín sentía como un remordimiento* al pensar que aquellos alegres muchachos iban a ser fusilados dentro de unos momentos.

La señal no esperó.

—¡Fuego! —gritó Briones.

Tres o cuatro de los muchachos cayeron al suelo y los demás, saltando, comenzaron a huir y a disparar. Había muchos disparos y ruido de fusiles. Briones, con su tropa, y Martín subían por el monte con esfuerzo. Al llegar a la zona alta, los carlistas, cogidos entre dos fuegos, se retiraron.

La gran explanada del monte estaba repleta de heridos y de muertos. Todavía seguían los disparos, pero los carlistas ya huían hacia Francia.

## CAPÍTULO 5

*La historia se repite*

Martín y Catalina fueron en su coche a Saint-Jean-Pied-de-Port. Todo el ejército carlista entraba, en su retirada de España, por Roncesvalles. Los comerciantes aparecían por allí y compraban hermosos caballos, espadas, fusiles y ropas a precios muy bajos. Era un poco repulsivo ver esta explotación. Martín, sintiéndose español, habló de la avaricia[11] de los franceses.

Catalina y él preguntaron a varios carlistas por Ohando. Uno le indicó que Carlos, con el *Cacho*, había salido de Burguete muy tarde porque estaba muy enfermo.

Martín llevó el coche por el camino de Arneguy. Atravesaron este pueblecillo que tiene dos barrios, uno español y otro francés. En el barrio francés entraron en la posada. Allí estaba el extranjero.

—¿No le decía a usted que nos veríamos? —dijo este.

—Sí. Es verdad.

Martín presentó a su mujer al periodista y los tres esperaron a que llegaran los últimos soldados.

Al anochecer, en un grupo de seis o siete, apareció Carlos Ohando y el *Cacho*. Catalina se acercó a su hermano con los brazos abiertos.

—¡Carlos! ¡Carlos! —gritó.

---

[11] *Avaricia:* deseo de tener muchas cosas, normalmente riquezas.

Ohando quedó atónito al verla. Luego, con un gesto de ira y de desprecio, añadió:

—Quítate de delante. ¡Perdida! ¡Nos has deshonrado!

Y con brutalidad escupió* a Catalina en la cara. Martín, ciego, saltó como un tigre sobre Carlos y le agarró por el cuello.

—¡Canalla! ¡Cobarde! —gritó—. Ahora mismo vas a pedir perdón a tu hermana.

—¡Suelta! ¡Suelta! —exclamó Carlos ahogándose.

—¡Por Dios, Martín, déjale! —gritó Catalina—. ¡Déjale!

—No, porque es un canalla cobarde y te va a pedir perdón de rodillas.

—No —exclamó Ohando.

—Sí —y Martín le llevó por el cuello, arrastrándole por el barro, hasta donde estaba Catalina.

—No sea usted bárbaro —exclamó el extranjero—. Déjelo usted.

—¡A mí, *Cacho*! ¡A mí! —gritó Carlos ahogado.*

Entonces, antes de que nadie lo pudiera evitar, el *Cacho*, desde la esquina, levantó su fusil y apuntó. Se oyó un disparo y Martín, herido en la espalda, soltó a Ohando y cayó en la tierra.

Carlos se levantó y quedó mirando a su enemigo. Catalina se lanzó sobre el cuerpo de su marido y trató de levantarlo. Era inútil. Martín tomó la mano de su mujer y con un esfuerzo último se la llevó a los labios.

—¡Adiós! —murmuró débilmente. Se le cerraron los ojos y quedó muerto.

A lo lejos, un clarín[12] hacía temblar el aire de Roncesvalles. Así habían temblado aquellos montes con el cuerno de Rolando.

---

[12] *Clarín:* pequeño instrumento de viento que produce un sonido agudo.

Quinientos años antes había matado, también a traición, uno de los Ohando a Martín López de Zalacaín.

Catalina se desmayó al lado del cadáver de su marido. El extranjero y la gente de la posada la ayudaron. Mientras, unos guardias franceses dispararon varios tiros al *Cacho* hasta que cayó herido.

El cadáver de Martín se llevó al interior de la posada. Los amigos no cabían en la casa. Acudieron a rezar los curas de Roncesvalles, de Arneguy y de Zaro.

Por la mañana se preparó el entierro. El día estaba claro y alegre. Sacaron la caja y la colocaron en un coche. Todos los campesinos de los caseríos de los Ohandos estaban allí, habían venido de Urbía a pie para asistir al entierro. Briones, vestido de uniforme, Bautista Urbide y Capistun el americano iban los primeros.

Y las mujeres lloraban.

—Tan grande como era —decían—. ¡Pobre! ¡Quién hubiera dicho que asistiríamos a su entierro, nosotros que le hemos conocido de niño!

El cortejo[13] tomó el camino de Zaro y allí terminó la triste ceremonia.

Meses después, Carlos Ohando se hizo cura, el *Cacho* estuvo en el hospital y luego fue a una cárcel francesa. Catalina, con su hijo, marchó a Zaro a vivir al lado de la Ignacia y de Bautista.

---

[13] *Cortejo*: aquí, conjunto de personas que acompañan, en fila, a un muerto.

## CAPÍTULO 6

*Las tres rosas del cementerio de Zaro*

Zaro es un pueblo pequeño, muy pequeño, situado sobre una colina. Para llegar a él se pasa por un camino rodeado de arbustos.* A la entrada de Zaro, como en otros pueblos vasco-franceses, hay una gran cruz de madera, muy alta, pintada de rojo. Estas cruces, con estrellas y corazones grabados en negro, dan un aspecto sombrío y trágico a las aldeas vascas.

En Zaro, en medio de una plaza estrecha y larga, hay un inmenso nogal[14] rodeado por un banco de piedra. En un extremo de la plaza se encuentra la iglesia, pequeña, humilde, con su campanario y su tejado de pizarra.* Rodeándola, sobre una tapia baja, se extiende el cementerio.

En el cementerio, entre las cruces de piedra, brillan durante la primavera rosales de varios colores, rojos, amarillos. El grave silencio que reina en el cementerio apenas lo interrumpen los débiles rumores de la vida del pueblo. De vez en cuando se oye una puerta, el cencerro[15] de las vacas, la voz de un chiquillo, el vuelo de las

---

[14] *Nogal:* árbol alto cuya madera es muy valiosa.
[15] *Cencerro:* campana pequeña de metal que se cuelga al cuello de algunos animales.

moscas… Y, de cuando en cuando, se oye también el golpe del reloj, voz de muerte apagada, sombría.

En el cementerio de Zaro hay una tumba de piedra, y en la misma cruz, escrito con letras negras, dice en vasco:

AQUÍ
descansa
## MARTÍN ZALACAÍN
MUERTO A LOS 24 AÑOS

†

EL 29 DE FEBRERO
DE 1876

Una tarde de verano, muchos años después de la guerra, se vio entrar en el cementerio a tres viejecitas, vestidas de luto. Una de ellas era Linda. Se acercó a la tumba de Zalacaín y dejó sobre él una rosa negra. La otra era la señorita de Briones, y puso una rosa roja. Catalina, que iba todos los días al cementerio, vio las dos rosas en la lápida de su marido y las respetó. Depositó junto a ellas una rosa blanca.

Y las tres rosas duraron mucho tiempo frescas sobre la tumba de Zalacaín.

# CAPÍTULO 7

## Epitafio[16]

El versolari[17] Echehun de Zugarramurdi improvisó un epitafio en la tumba de Zalacaín el Aventurero, y el joven poeta navarro Juan de Navascués glosó[18] el epitafio del versolari en esta décima[19] castellana:

*Duerme en esta sepultura*
*Martín Zalacaín, el fuerte.*
*Venganza tomó la muerte*
*De su audacia[20] y su bravura.[21]*
*De su guerrera apostura[22]*
*El vasco guarda memoria;*
*Y aunque el libro de la historia*
*Su rudo nombre rechaza,*
*¡Caminante de su raza,*
*Descúbrete ante su gloria!*

---

[16] *Epitafio:* conjunto de palabras que se escriben sobre una lápida. Normalmente aparece el nombre del fallecido y la fecha en la que murió.
[17] *Versolari:* poeta popular vasco.
[18] *Glosó:* utilizó las palabras del epitafio.
[19] *Décima:* poema de diez versos.
[20] *Audacia:* cualidad de las personas que viven los peligros sin miedo.
[21] *Bravura:* cualidad de la persona valiente.
[22] *Apostura:* aspecto.

## ACTIVIDADES DE COMPRENSIÓN LECTORA

> Responde a las siguientes cuestiones:

1. ¿En qué se diferencian los dos barrios de Urbía?
2. ¿Por qué la vida era tranquila en Urbía?
3. ¿Por qué se pelearon por primera vez Martín y Carlos de Ohando?
4. ¿Qué significa que Tellagorri acogió a Martín y le enseñó toda su ciencia?
5. Catalina, ya de pequeña, tenía un carácter muy diferente al de su hermano Carlos. ¿Puedes definir con tres características a cada uno?
6. ¿Por qué Tellagorri, después de haber escuchado el relato de Martín López de Zalacaín, dice que los Ohando son gente falsa?
7. ¿Qué consejo le da Tellagorri a Martín antes de morir?
8. ¿Por qué el partido entre Martín, Bautista, el *Cacho* e Isquiña se convirtió en un espectáculo en Urbía?
9. ¿Cómo evita Martín que su hermana deje de coquetear con Carlos?
10. Cuando Bautista, Capistun y Martín se refugian durante una noche en una cabaña, Martín dice que prefiere la guerra a la paz. ¿Por qué?
11. Cuando Martín y Bautista quieren salir de Vera, se encuentran con la banda del Cura. ¿Por qué Martín se alegra de poder entrar en una banda carlista?
12. ¿En qué consiste el negocio que Ospitalech propone a Martín?
13. ¿Por qué Martín tiene que separarse de Bautista en Estella?
14. Cuando Martín duerme en la misma posada que Carlos Ohando, ¿por qué no le arrestan cuando Carlos lo reconoce?
15. ¿Qué hace Martín en la cárcel para ganar tiempo para escapar?
16. ¿Cómo consigue Martín sacar a Catalina del convento?

## ACTIVIDADES DE COMPRENSIÓN LECTORA

17. ¿Cómo consigue convencer Martín al general de Logroño de que no es un general carlista, a pesar de llevar un uniforme?
18. ¿Cómo ayudó Martín a Briones y a su ejército?
19. ¿Por qué se pelearon Martín y Carlos Ohando por última vez?
20. ¿Quiénes eran las tres mujeres que dejaron rosas sobre la tumba de Martín?

> ### ¿Verdadero o falso?

21. La familia de Martín vivía en la villa y era una de las familias más ricas de la zona.
22. Tellagorri tenía mala fama en Urbía porque era bebedor e independiente.
23. Catalina piensa que Martín hace bien cogiendo fruta de las huertas en vez de ir a la escuela.
24. Para evitar la relación entre Martín y Catalina, Carlos dispara durante la noche a Martín.
25. Martín sintió miedo cuando entró en la habitación donde estaba el Cura.
26. Durante su convalecencia en la casa de Rosa Briones, Martín contó que ya no estaba enamorado de Catalina.
27. Bautista impide a Martín aceptar el negocio de las letras que le propone Ospitalech.
28. Martín reconoció a Linda desde el primer momento en que la vio.
29. Martín y Bautista consiguieron entrar y salir ilesos de la ciudad sitiada de Laguardia.
30. Después de la guerra Martín volvió a Urbía y la encontró como siempre había estado.

## ACTIVIDADES DE COMPRENSIÓN LECTORA

> Lee el siguiente texto y subraya las ideas principales:

Un día de mayo, al anochecer, llegaron por el camino real tres carros tirados por caballos flacos y llenos de heridas. Cruzaron la parte nueva del pueblo y se detuvieron en el prado de Santa Ana.

No podía Tellagorri quedarse sin saber de qué se trataba, así que se presentó al momento en el lugar, seguido de *Marqués*. Hizo varias preguntas al jefe, y después de decir el hombre que era francés y domador de fieras, se lo llevó a la taberna de Arcale.

Martín se enteró también de la llegada de los domadores con sus fieras, y a la mañana siguiente fue al prado de Santa Ana. Comenzaba a salir el sol cuando llegó.

> Relaciona cada palabra o expresión con su definición:

| N.º | Palabra/Expresión |
|---|---|
| 1 | Epitafio |
| 2 | Simpatía |
| 3 | Porción |
| 4 | Rizado |
| 5 | Aterrorizado |
| 6 | Grito |
| 7 | Puertos |
| 8 | Farol |
| 9 | Equivocación |
| 10 | Mal genio |

| Opción | Definición |
|---|---|
| a | Una cantidad de algo. |
| b | Sonido alto y muy fuerte producido por una persona a causa del dolor, el miedo, etc. |
| c | Lugares estrechos para pasar de una montaña a otra. |
| d | Algo hecho mal, por error. |
| e | Caja de cristal que tiene una luz dentro. Sirve para iluminar. |
| f | Con ondas. |
| g | Mal carácter, enfado. |
| h | Cariño o afecto que siente una persona por otra. |
| i | Que siente mucho miedo. |
| j | Conjunto de palabras que se escriben sobre una lápida. |

ACTIVIDADES DE COMPRENSIÓN LECTORA

> Tacha la palabra que no guarde relación con el significado de las demás:

   a) Sollozo, risa, grito, mirada.
   b) Charlar, vacilar, cuchichear, murmurar.
   c) Venta, posada, sepulcro, casa.
   d) Contrabando, mercancía, negocio, pan.
   e) Sobrino, padre, flecha, hermana.

> Agrupa las palabras listadas a continuación con cada una de las siguientes categorías:

*Granuja, rosa, boina, león, individualista, murciélago, asustadizo, inflexible, arbusto, sereno, cochino, nogal, enagua, nutria, canalla, pez, capote, cobarde, uniforme.*

| Características personales | Ropa | Flora | Animales | Insultos |
|---|---|---|---|---|
|  |  |  |  |  |

> Completa los textos siguientes con las expresiones que aparecen en el recuadro:

Texto 1:

Una muralla de ........., oscura y alta rodea a Urbía. Esta ......... sigue a lo largo del camino real por el norte, llega hasta el río y la iglesia y envuelve la ciudad por el ..........

## ACTIVIDADES DE COMPRENSIÓN LECTORA

Urbía tiene un barrio .......... y otro nuevo. El pueblo viejo va descendiendo desde el castillo hasta el .......... Entre la muralla y las casas hay magníficas huertas. Estas huertas están protegidas de los vientos fríos y en ellas se cultivan naranjos y ..........

limoneros / río / viejo / muralla / sur / piedra

### Texto 2:

La partida llegó a .......... a un monte cercano a Oyarzun, y entraron en una cabaña .......... a la ermita. Esta cabaña era el refugio del Cura. Allí estaba su depósito de .......... El cabecilla no estaba. Pronto anocheció. Al día .........., muy temprano, les despertaron con un ..........

próxima / empujón / municiones / medianoche / siguiente

### Texto 3:

Ya estaba .......... Nubarrones de plomo eran impulsados por el .......... En el fondo del cielo rojizo y triste aparecía Viana. Al acercarse, el .......... tropezó con una piedra y se soltó una de las ruedas. El coche se inclinó y cayó a .......... Todos los viajeros cayeron en el .......... Martín se levantó primero y tomó en .......... a Catalina.

coche / brazos / amaneciendo / tierra / barro / viento

## ACTIVIDADES DE COMPRENSIÓN LECTORA

> Relaciona cada palabra de la columna izquierda con los sinónimos y antónimos que le correspondan en la columna derecha:

| Lista de palabras | Sinónimos y antónimos |
|---|---|
| repulsivo<br>tenderse<br>avaricia<br>sombrío<br>equivocación<br>rizado<br>estrechar<br>aclarar<br>flaco<br>chillido | acierto<br>aflojar<br>agradable<br>amanecer<br>anochecer<br>apretar<br>asqueroso<br>claro<br>codicia<br>delgado<br>error<br>generosidad<br>grito<br>grueso<br>levantarse<br>liso<br>murmuración<br>ondulado<br>oscuro<br>tumbarse |

# SOLUCIONARIO

> ## Respuestas al cuestionario:

1. Un barrio era viejo y el otro nuevo.
2. Porque los domingos la gente iba a misa y después se reunía en un prado donde cantaba y bailaba hasta la noche.
3. Carlos acusó a Martín de robar peras de su casa y llamó ladrones a toda su familia. Por eso, Martín le pegó.
4. En vez de llevarlo al colegio, Tellagorri enseñó a Martín a vivir de la naturaleza y a conocer toda la región de Urbía.
5. Catalina era sencilla, sonriente y alegre. Carlos era un chico oscuro, tímido y con muy mal carácter.
6. Porque, al igual que le ocurrirá a Martín, mataron a López de Zalacaín por la espalda, a traición.
7. Le dice que durante la guerra no se haga soldado sino que haga negocios con liberales y carlistas para ganar dinero en los dos bandos. Además, le dice que no tenga miedo: ¡Siempre firmes!
8. Porque Carlos de Ohando y sus amigos, que eran carlistas, apostaron mucho dinero para que el *Cacho* ganara.
Los liberales apostaron por Martín y Bautista.
Además, la gente conocía el odio de Carlos por Martín.
9. Habló con Bautista para que se casara con ella y le prestó dinero para que tuviera un negocio propio.
10. Martín se sentía muy español y no quería que el rey de España fuera un francés. Además, con la guerra ganaba dinero gracias al contrabando.
11. Martín pensaba que era mejor parecer carlista que luchar y recibir una paliza, pues los de la banda eran muchos hombres y él y Bautista solo dos.
12. Tenía que llevar unas letras a los campos de varios ejércitos carlistas y volver con esas letras firmadas.
13. Por si se encontraban con alguien de la banda del Cura.

SOLUCIONARIO

14. La posadera pensaba que Carlos estaba delirando por el dolor.
15. Hizo un bulto con las telas y le puso su boina para que pareciera que seguía durmiendo.
16. Se puso un uniforme carlista y escribió una nota en la que decía que Carlos estaba gravemente herido. Catalina debía ir con Martín a verle.
17. En Logroño estaba el hermano de la señorita Briones, que conocía a Martín y sabía que no era carlista.
18. Los guió por las montañas para derrotar al ejército carlista que estaba en la montaña del Aquelarre.
19. Porque al ver a Catalina, Carlos la insultó.
20. Linda, la niña del circo, Rosa Briones, que le cuidó cuando estaba herido, y Catalina, su mujer.

> ¿Verdadero o falso?

21. Falso.
22. Verdadero.
23. Falso.
24. Verdadero.
25. Verdadero.
26. Falso.
27. Falso.
28. Falso.
29. Verdadero.
30. Falso.

> Ideas principales:

Un día de mayo, al anochecer, <u>llegaron por el camino real tres carros</u> tirados por caballos flacos y llenos de heridas. Cruzaron la parte nueva del pueblo y <u>se detuvieron en el prado de Santa Ana</u>.

No podía <u>Tellagorri</u> quedarse sin saber de qué se trataba, así que <u>se presentó al momento en el lugar</u>, seguido de *Marqués*.

# SOLUCIONARIO

Hizo varias preguntas al jefe, y después de decir <u>el hombre que era francés y domador de fieras</u>, se lo llevó a la taberna de Arcale.

<u>Martín</u> se enteró también de la llegada de los domadores con sus fieras, y <u>a la mañana siguiente fue al prado de Santa Ana</u>. Comenzaba a salir el sol cuando llegó.

> Palabras y definiciones:

    1 ▸ J   2 ▸ H   3 ▸ A   4 ▸ F   5 ▸ I
    6 ▸ B   7 ▸ C   8 ▸ E   9 ▸ D   10 ▸ G

> Palabras que no guardan relación con las demás:

    a ▸ mirada;  b ▸ vacilar;  c ▸ sepulcro;  d ▸ pan;  e ▸ flecha

> Palabras agrupadas por categorías:

| Características personales | Ropa | Flora | Animales | Insultos |
|---|---|---|---|---|
| individualista | boina | rosa | león | canalla |
| asustadizo | enagua | arbusto | murciélago | cobarde |
| inflexible | capote | nogal | perro | cochino |
| sereno | uniforme | | | granuja |

> Solución a los textos con huecos:

**Texto 1:**

Una muralla de **piedra**, oscura y alta rodea a Urbía. Esta **muralla** sigue a lo largo del camino real por el norte, llega hasta el río y la iglesia y envuelve la ciudad por el **sur**.
Urbía tiene un barrio **viejo** y otro nuevo. El pueblo viejo va descendiendo desde el castillo hasta el **río**. Entre la muralla y las

casas hay magníficas huertas. Estas huertas están protegidas de los vientos fríos y en ellas se cultivan naranjos y **limoneros**.

> Texto 2:

La partida llegó a **medianoche** a un monte cercano a Oyarzun, y entraron en una cabaña **próxima** a la ermita. Esta cabaña era el refugio del Cura. Allí estaba su depósito de **municiones**. El cabecilla no estaba. Pronto anocheció. Al día **siguiente**, muy temprano, les despertaron con un **empujón**.

> Texto 3:

Ya estaba **amaneciendo**. Nubarrones de plomo eran impulsados por el **viento**. En el fondo del cielo rojizo y triste aparecía Viana. Al acercarse, el **coche** tropezó con una piedra y se soltó una de las ruedas. El coche se inclinó y cayó a **tierra**. Todos los viajeros cayeron en el **barro**. Martín se levantó primero y tomó en **brazos** a Catalina.

> Palabras con sus sinónimos y antónimos:

| Palabra | Sinónimos | Antónimos |
|---|---|---|
| flaco | delgado | grueso |
| aclarar | amanecer | anochecer |
| estrechar | apretar | aflojar |
| chillido | grito | murmuración |
| rizado | ondulado | liso |
| equivocación | error | acierto |
| sombrío | oscuro | claro |
| avaricia | codicia | generosidad |
| tenderse | tumbarse | levantarse |
| repulsivo | asqueroso | agradable |

# ACERCA DE *ZALACAÍN EL AVENTURERO*

## ⟩ Textos originales disponibles en versión electrónica:

Wikisource, biblioteca en línea de textos originales, ofrece una versión de la obra para imprimir:

http://es.wikisource.org/wiki/Zalaca%C3%ADn_el_aventurero_ (Versi%C3%B3n_para_imprimir).

En Wikipedia puedes consultar más información sobre el autor, la obra o el contexto histórico:

— Sobre la obra:

http://es.wikipedia.org/wiki/Zalaca%C3%ADn_el_aventurero.

— Sobre Pío Baroja:

http://es.wikipedia.org/wiki/P%C3%ADo_Baroja.

— Sobre las guerras carlistas:

http://es.wikipedia.org/wiki/Guerras_Carlistas.

En la página siguiente se puede obtener información biográfica sobre el autor y su obra, así como una pequeña galería de imágenes y otros recursos.

http://piobaroja.gipuzkoakultura.net/index-es.php.

## ⟩ Adaptaciones cinematográficas

*Zalacaín el Aventurero*, dirigida por Juan de Orduña, es una adaptación de la novela de Baroja. Rodada en España, en 1955, narra las aventuras de Martín, centrándose en la relación de Carlos de Ohando con la hermana de Martín y el amor de este con Catalina. Aunque el contexto es la tercera guerra carlista, la película se centra en el aspecto amoroso y aventurero de la novela, así como en los elementos populares de la cultura vasca.

# GLOSARIO

| Español | Inglés | Francés | Alemán | Italiano | Portugués |
|---|---|---|---|---|---|
| accidentado | uneven, rugged | mouvementé | ereignisreich | accidentato | acidentado |
| aclarar | dawn | faire jour | erhellen | albeggiare | clarear |
| adornar | to decorate | décorer, orner | verzieren | addobbare | adornar |
| afecto | affection | affection | Zuneigung | affetto | afeição |
| afectuoso | affectionate | affectueux | zärtlich | affettuoso | afetuoso |
| agitar | shake | agiter | wedeln, schütteln | agitare | agitar |
| aguardiente | aguardiente | eau-de-vie | Branntwein | acquavite | aguardente |
| ahogado | asphyxiated | au bord de l'asphyxie | kurz vor dem Ersticken | soffocato | sufocado |
| alarmado | alarmed | alarmé | besorgt | allarmato | alarmado |
| alcoba | bedroom, bedchamber | chambre à coucher | Alkoven, Schlafzimmer | alcova | alcova |
| almacén | warehouse, storage | magasin | Laden, Lager | magazzino | depósito |
| alojamiento | lodging, accomodations | logement | Unterkunft | alloggio | alojamento |
| anochecer (al) | nightfall (at) | tombée de la nuit (à la) | Nacht werden, bei Einbruch der Nacht | (all') imbrunire | anoitecer |
| apostar | to bet | parier | wetten | scommettere | apostar |
| arbusto | bush | arbuste | Busch | cespuglio | arbusto |
| arrodillarse | to kneel (down) | s'agenouiller | (sich) niederknien | inginocchiarsi | ajoelhar-se |
| arroyo | creek | ruisseau | Bach | ruscello | arroio |
| aventurero | adventurer | aventurier | Abenteurer | avventuriero | aventureiro |
| barbaridad | atrocity | atrocité, ineptie | Barbarei | atrocitá | barbaridade |
| barbarie | savagery, brutality | barbarie | Barbarei | barbarie | barbárie |
| bofetada | slap | gifle | Ohrfeige | ceffone | bofetada |
| bordear | to go along/around | longer | am Rand entlang gehen | bordeggiare | beirar |
| brutal | brutal, savage | brutal | brutal | tremendo | brutal |
| caballería | pack mules | monture | Reittier | cavalcatura | cavalaria |
| cabaña | shack | cabane | Hütte | capanna | cabana |
| campanilla | hand bell | clochette | Glöckchen | campanella | sineta |

## GLOSARIO

| Español | Inglés | Francés | Alemán | Italiano | Portugués |
|---|---|---|---|---|---|
| canalla | swine | canaille | Gesindel, Schurke | canaglia | canalha |
| cansarse | to get fed up | se lasser | müde werden, langweilen | stancarsi | cansar-se |
| caridad | charity | charité | Liebesgabe | caritá | caridade |
| cariñoso | loving, affectionate | affectueux | zärtlich, liebevoll | carino | carinhoso |
| carraspear | to clear the throat | se racler la gorge | sich räuspern | tossicchiare | pigarrear |
| Casino | Casino | Casino | Vereinshaus | Casinó | Cassino |
| cereza | cherry | cerise | Kirsche | ciliegia | cereja |
| charlar | to talk, to chat | discuter | schwatzen, plaudern | chiaccherare | conversar |
| chiquilla | little girl | gamine | kleine Mädchen | ragazza | menina |
| chocar | to crash, to collide | se battre | zusammenstoßen, aneinander geraten | scontrarsi | chocar |
| cochino | swine, pig | dégoûtant | Schwein | maiale | indecente |
| codazo | to elbow, to nudge | coup de coude | Stoß (mit dem Ellbogen) | gomitata | cotovelada |
| contestación | answer, reply | réponse | Antwort | risposta | resposta |
| contrabandista | smuggler | contrebandier | Schmuggler | contrabbandiere | contrabandista |
| contrabando | smuggling | contrebande | Schmuggel, Schmuggelware | contrabbando | contrabando |
| convento | convent, monastery | couvent | Kloster | convento | convento |
| coser | to sew | coudre | nähen | cucire | costurar |
| criada | maid, servant | domestique | Magd, Dienstmädchen | domestica | criada |
| cueva | cave | grotte | Höhle | grotta | caverna |
| de veras | true, truly | vraiment | wahrlich, wahrhaftig | davvero | de verdade |
| delicia | delight, pleasant | délice, plaisir | Vergnügen, Hochgenuss | delizia | delícia |
| desafiar | to challenge, to defy | défier | herausfordern | sfidare | desafiar |
| desfallecer | to enrage | trépigner | ohnmächtig werden | svenire | desfalecer |
| deslizarse | to slide | glisser | ausgleiten | scivolare | deslizar |

# GLOSARIO

| Español | Inglés | Francés | Alemán | Italiano | Portugués |
|---|---|---|---|---|---|
| **destrozado** | torn, ripped | abîmé | zerstört | distrutto | destroçado |
| **dilema** | dilemma | dilemme | Dilemma | dilemma | dilema |
| **disparate** | absurd, ridiculous | absurdité | Unsinn | follia | disparate |
| **distraído** | distracted, absent-minded | distrait, étourdi | zerstreut | distratto | distraído |
| **divergencia** | differences | divergence | Divergenz | divergenza | divergência |
| **emborracharse** | to get drunk | se soûler | sich besaufen | ubriacarsi | embebedar-se |
| **emocionado** | excited | ému | gerührt | commosso | emocionado |
| **empujón** | push, shove | grand coup | Stoß, Schub | spintone | empurrão |
| **encantador** | charming | charmant | bezaubernd | incantevole | encantador |
| **enigmático** | enigmatic, mysterious | énigmatique | geheimnisvoll, rätselhaft | enigmatico | enigmático |
| **entusiasmado** | enthusiastic, excited | enthousiasmé | begeistert | entusiasta | entusiasmado |
| **equipaje** | luggage, baggage | bagages | Gepäck | bagaglio | bagagem |
| **equivocación** | mistake, error | erreur | Missverständnis | equivoco | confusão |
| **ermita** | hermitage, chapel | ermitage | Einsiedelei (Kapelle) | cappella | ermida |
| **escandalizar** | to make a row or racket, to scandalize | scansaliser | Ärgernis erregen | scandalizzare | escandalizar |
| **escopeta** | (hunting) rifle, shotgun | fusil | Flinte | fucile | escopeta |
| **escudo** | (family) coat of arms | blason | Wappenschild | stemma | escudo |
| **escupir** | to spit | cracher | spucken | sputare | cuspir |
| **estrechar** | to shake (hands) | serrer | drücken | stringere | apertar |
| **estupidez** | stupidity | stupidité | Dummheit | stupidità | estupidez |
| **expedición** | expeditions | expédition | Spedition | spedizione | expedição |
| **extrañado** | surprised | étonné | befremdet, erstaunt | stupito | surpreso |

# GLOSARIO

| Español | Inglés | Francés | Alemán | Italiano | Portugués |
|---|---|---|---|---|---|
| **fanático** | fanatic | fanatique | fanatisch, Eiferer | fanatico | fanático |
| **felicitar** | to congratulate | féliciter | gratulieren | congratularsi | felicitar |
| **fiera** | wild animals, beast | fauve | Raubtier, Bestie | belva | fera |
| **flecha** | arrow | flèche | Pfeil | freccia | flecha |
| **fusilar** | to shoot, to execute | fusiller | erschießen | fucilare | fusilar |
| **general** | generals (mil. rank) | général | General | generale | general |
| **grotesco** | grotesque, hideous | grotesque | skurril, grotesk | grottesco | grotesco |
| **guerrilla** | guerrilla, warfare | guérilla | Guerilla | guerriglia | guerrilha |
| **hambriento** | hungry, starving | affamé | hungrig | affamato | faminto |
| **hazaña** | heroic deed | exploit | Großtat, Heldentat | impresa | façanha |
| **higo** | fig | figue | Feige | fico | figo |
| **hinchado** | swollen | gonflé | geschwollen | gonfio | inchado |
| **hoguera** | bonfire | bûcher | Freudenfeuer | focolare | fogueira |
| **hostilidad** | hostility | hostilité | Feindschaft | ostilitá | hostilidade |
| **huérfano** | orphan | orphelin | Waise, verwaist | orfano | órfão |
| **humillación** | humiliation | humiliation | Demütigung, Erniedrigung | umiliazione | humilhação |
| **impaciencia** | impacience | impatience | Ungeduld | impazienza | impaciência |
| **impaciente** | impacient | impatient | ungeduldig | impaziente | impaciente |
| **inadvertido** | unnoticed | inaperçu | unachtsam, unbeachtet | inosservato | inadvertido |
| **inclinación** | attraction | inclination, penchant | Neigung | inclinazione | inclinação |
| **indagación** | investigation, inquiry | investigation | Nachforschung | indagine | indagação |
| **insignificante** | insignificant | insignifiant | vernachlässigbar, unbeträchtlich | insignificante | insignificante |

# GLOSARIO

| Español | Inglés | Francés | Alemán | Italiano | Portugués |
|---|---|---|---|---|---|
| **insulto** | insult | insulte | Beleidigung, Beschimpfung | insulti | insulto |
| **intranquilo** | restless, worried | inquiet | besorgt | impensierito | inquieto |
| **jaula** | cage | cage | Zwinger, Käfig | gabbia | jaula |
| **judía** | bean | haricot | Bohne | fagiolo | feijão |
| **lamento** | groan, wail | lamentation | Gejammer, Klagen | lamento | lamento |
| **látigo** | whip | fouet | Peitsche | frusta | chicote |
| **limonero** | lemon tree | citronnier | Zitronenbaum | limone | limoeiro |
| **llanura** | plain, prairie | plaine | Ebene (Flachland), Niederung | pianura | planície |
| **lloviznar** | to drizzle | bruiner | nieseln | piovigginare | chuviscar |
| **lona** | tarpaulin (tarp), canvas | toile | Plane | tela | lona |
| **lucirse** | to show off | se dintinguer, se faire remarquer | sich auszeichnen | esibirsi | destacar-se |
| **lujoso** | luxurious | luxueux | aufwendig, luxuriös | lussuoso | luxuoso |
| **maltrecho** | battered | en piteux état | übel zugerichtet | malconcio | maltratado |
| **manzano** | apple tree | pommier | Apfelbaum | melo | macieira |
| **marchito** | withered | fané | verwelkt | apassito | murcho |
| **monja** | nun | religieuse | Nonne | monaca | freira |
| **monótono** | monotonous | monotone | eintönig, monoton | monotono | monótono |
| **muelle** | pier | quai | Mole | molo | cais |
| **mula** | mule | mule | Maulesel | mula | mula |
| **munición** | ammunition | munition | Munition | munizione | munição |
| **naranjo** | orange tree | oranger | Orangenbaum | arancio | laranjeira |
| **nevar** | to snow | neiger | schneien | nevicare | nevar |
| **nido** | nest | nid | Nest | nido | ninho |
| **niñera** | nanny, nursemaid | nourrice | Kindermädchen, Babysitterin | bambinaia | babá |

# GLOSARIO

| Español | Inglés | Francés | Alemán | Italiano | Portugués |
|---|---|---|---|---|---|
| **noble** | noble | noble | Adelige | nobile | nobre |
| **nobleza** | nobility | noblesse | Adel | nobiltá | nobreza |
| **notario** | notary | notaire | Notar | notaio | tabelião |
| **olfatear** | to sniff | flairer | schnuppern | annusare | farejar |
| **oso** | bear | ours | Bär | orso | urso |
| **paga** | payment, pay | paie | Arbeitslohn | paga | salário |
| **paisano** | compatriots, countrymen | compatriote | Landsmann | connazionale | conterrâneo |
| **paliza** | beating, hiding | raclée, rossée | Prügel, Schläge | batosta | surra |
| **panadería** | bakery | boulangerie | Bäckerei | panificio | padaria |
| **panadero** | baker | boulanger | Bäcker | panettiere | padeiro |
| **pánico** | panic | panique | Panik | panico | pânico |
| **paradero** | whereabouts | point de chute | Aufenthaltsort | recapito | paradeiro |
| **pariente** | relative | parent | verwandt | parente | parente |
| **párpado** | eyelid | paupière | Augenlid | palpebra | pálpebra |
| **patriótico** | patriotic | patriotique | patriotisch | patriottico | patriótico |
| **pera** | pear | poire | Birne | pere | pêra |
| **peral** | pear tree | poirier | Birnbaum, Birnenbaum | pero | pereira |
| **perseguidor** | pursuer | poursuivant | Verfolger | inseguitore | perseguidor |
| **pipa** | pipe | pipe | Pfeife (Tabakpfeife) | pipa | tonel |
| **pizarra** | slate (roof) | ardoise | Schiefer | ardesia | ardósia |
| **plomo** | lead | plomb | Blei | piombo | chumbo |
| **posada** | inn | auberge | Gasthof | locanda | hospedaria |
| **prado** | meadow | pré | Anger, Wiese | prato | campo |
| **prender** | to catch, to arrest | arrêter | fangen | catturare | prender |
| **pretexto** | pretext, excuse | prétexte | Vorwand | pretesto | pretexto |
| **proclamación** | proclamation, declaration | proclamation | Ausruf | proclama | proclamação |
| **prosperar** | to prosper | réussir | gedeihen | prosperare | prosperar |

# GLOSARIO

| Español | Inglés | Francés | Alemán | Italiano | Portugués |
|---|---|---|---|---|---|
| **recibo** | receipt | reçu | Quittung | ricevuta | recibo |
| **remordimiento** | remorse | remords | Reue, Gewissensbisse | rimorso | remorso |
| **resbalarse** | to slip | glisser | ausrutschen | scivolare | resvalar-se |
| **rivalidad** | rivalry | rivalité | Rivalität | rivalitá | rivalidade |
| **roble** | oak | chêne | Eiche | quercia | carvalho |
| **rural** | rural | rural | ländlich, landwirtschaftlich | rurale | rural |
| **salvaje** | wild | sauvage | wild | selvaggio | selvagem |
| **Santo Sepulcro** | Holy Sepulchre | Saint-Sépulcre | Heilige Grab | Santo Sepolcro | Santo Sepulcro |
| **seta** | mushroom (comestible), toadstool (venenosa) | champignon | Pilz | fungo | cogumelo |
| **sobre** | envelop | enveloppe | Briefumschlag | busta | envelope |
| **sollozar** | to sob | sangloter | schluchzen | singhiozzare | soluçar |
| **sollozo** | sob | sanglot | Schluchzen | singhiozzo | soluço |
| **sombrío** | gloomy, dark | sombre (triste) | schwermütig, finster, trübsinnig | cupo | sombrio |
| **sujetar** | to hold, to tie | tenir | binden, einspannen | tenere | prender |
| **suplicar** | to beg, to implore | supplier | anflehen, dringlich bitten | supplicare | suplicar |
| **taberna** | tavern, pub | taverne | Kneipe | taverna | taberna |
| **tambor** | drum | tambour | Trommel | tamburo | tambor |
| **tapado** | plugged with, sealed off | bouché | gedeckt | tappato | tapado |
| **tapia** | fence, wall | clôture | Mauer | muretto | tapume |
| **tejado** | roof | toit | Dach | tetto | telhado |
| **tempestad** | storm, tempest | tempête | Sturm | tempesta | tempestade |
| **tenderse** | to lie down | s'allonger | sich hinlegen | stendersi | estender |
| **tibio** | warm, tepid | tiède | lau, lauwarm | tiepido | tíbio |
| **tigre** | tiger | tigre | Tiger | tigre | tigre |

# GLOSARIO

| Español | Inglés | Francés | Alemán | Italiano | Portugués |
|---|---|---|---|---|---|
| **torcerse** | to warp | se tordre | sich verbiegen | torcersi | torcer-se |
| **torpeza** | clumsiness | maladresse | Ungeschick | goffaggine | lerdeza |
| **torrente** | torrent, stream | torrent | Ungeschicklichkeit | torrente | torrente |
| **triunfante** | triumphant | triomphant | siegstrahlend | trionfante | triunfante |
| **vacilar** | to hesitate | hésiter | zögern | esitare | duvidar |
| **vagamente** | vaguely | vaguement | undeutlich | vagamente | vagamente |
| **vara** | stick | bâton | Rute, Stange, Gerte | bastone | vara |
| **vasco** | basque | basque | Baskisch (Sprache) | basco | basco |
| **venenoso** | poisonous | vénéneux | giftig, Giftpilz | velenoso | venenoso |
| **vengarse** | to take revenge | se venger | sich rächen, Rache nehmen | vendicarsi | vingar-se |
| **verdoso** | green, greenish | verdâtre | grünlich | verdastro | esverdeado |
| **vertiginoso** | vertiginous | vertigineux | schwindelerregender | vertiginoso | vertiginoso |
| **villa** | town, villa (house) | ville | Kleinstadt | borgo | vila |
| **vistazo** | to take a look, to catch a glimpse | coup d'œil | Blick, einen flüchtigen Blick auf etwas werfen | occhiata | olhadela |

# ÍNDICE

Introducción .................................................................................. 3
El autor y la obra ........................................................................... 5

### Prólogo
*La villa de Urbía en el último tercio del siglo XIX* ..................... 7

## LIBRO PRIMERO
## LA INFANCIA DE ZALACAÍN

### Capítulo 1
*Cómo vivió y se educó Martín Zalacaín* ................................. 11

### Capítulo 2
*Donde se habla del viejo cínico Miguel de Tellagorri* ............ 13

### Capítulo 3
*La reunión de la posada de Arcale* ......................................... 17

### Capítulo 4
*La noble casa de Ohando* ....................................................... 19

### Capítulo 5
*De cómo murió Martín López de Zalacaín en 1412* ............... 22

### Capítulo 6
*De cómo llegaron unos titiriteros y de lo que sucedió después* ............ 25

### Capítulo 7
*Cómo Tellagorri supo proteger a los suyos* ............................ 32

### Capítulo 8
*Cómo aumentó el odio entre Martín Zalacaín y Carlos Ohando* ........ 35

### Capítulo 9
*Cómo intentó vengarse Carlos de Martín Zalacaín* ............... 40

## LIBRO SEGUNDO
## ANDANZAS Y CORRERÍAS

### Capítulo 1
*En el que se habla de los preludios
de la última guerra carlista* .................................................. 45

### Capítulo 2
*Cómo Martín, Bautista y Capistun pasaron una noche
en el monte* ............................................................................ 48

### Capítulo 3
*La banda del Cura* ................................................................ 54

### Capítulo 4
*Cómo la banda del Cura detuvo la diligencia
cerca de Andoain* .................................................................. 57

### Capítulo 5
*Cómo cuidó la señorita de Briones a Martín Zalacaín* ........ 63

### Capítulo 6
*Cómo Martín Zalacaín buscó nuevas aventuras* .................. 67

### Capítulo 7
*Martín y el extranjero pasean de noche por Estella* ............ 73

### Capítulo 8
*Cómo trascurrió el segundo día en Estella* .......................... 77

### Capítulo 9
*Martín durmió el tercer día de Estella en la cárcel* ............. 80

### Capítulo 10
*Los acontecimientos marchan al galope* ............................. 85

### Capítulo 11
*Cómo llegaron a Logroño y lo que les ocurrió* .................... 98

### Capítulo 12
*Zalacaín y Bautista Urbide tomaron los dos solos
la ciudad de Laguardia ocupada por los carlistas* ............. 102

## LIBRO TERCERO
## LAS ÚLTIMAS AVENTURAS

### Capítulo 1
*Los recién casados están contentos* .................................................. 109

### Capítulo 2
*Se inicia la «Deshecha»* ..................................................................... 111

### Capítulo 3
*Martín comienza a trabajar por la gloria* ......................................... 115

### Capítulo 4
*La batalla cerca del monte Aquelarre* ............................................... 119

### Capítulo 5
*La historia se repite* ............................................................................ 122

### Capítulo 6
*Las tres rosas del cementerio de Zaro* ............................................... 125

### Capítulo 7
*Epitafio* ................................................................................................. 127

---

Actividades de comprensión lectora ................................................... 129
Solucionario ........................................................................................... 135
Acerca de *Zalacaín el Aventurero* ..................................................... 139
Glosario .................................................................................................. 140